投资理财
从零开始学理财

张有弛◎著

中国铁道出版社有限公司
CHINA RAILWAY PUBLISHING HOUSE CO., LTD.

图书在版编目（CIP）数据

投资理财：从零开始学理财/张有弛著.—北京：中国铁道出版社有限公司，2022.1
ISBN 978-7-113-28479-4

Ⅰ.①投… Ⅱ.①张… Ⅲ.①投资-基本知识 Ⅳ.①F830.59

中国版本图书馆CIP数据核字（2021）第217777号

书　　名：投资理财：从零开始学理财
　　　　　TOUZI LICAI: CONG LING KAISHI XUE LICAI
作　　者：张有弛

责任编辑：吕　芟　　编辑部电话：（010）51873035　　邮箱：181729035@qq.com
封面设计：宿　萌
责任校对：孙　玫
责任印制：赵星辰

出版发行：中国铁道出版社有限公司（100054，北京市西城区右安门西街8号）
网　　址：http://www.tdpress.com
印　　刷：北京柏力行彩印有限公司
版　　次：2022年1月第1版　2022年1月第1次印刷
开　　本：700 mm×1 000 mm　1/16　印张：15.5　字数：154千
书　　号：ISBN 978-7-113-28479-4
定　　价：68.00元

前　言

巴菲特曾说："一生能积累多少财富，不取决于你能够赚多少钱，而取决于你如何理财。"随着人们生活水平和风险意识的提高，越来越多的人开始关注投资理财，全民理财已成趋势。

很多人曾满怀信心与热情开始进行理财，但是并没有获得理想的收益，反而连投资的本金也受了损。投资理财并不是一件容易的事，投资者需要明确自己的理财目的，制订出适合自己的投资理财计划，并掌握必要的理财知识和技巧。

在进行投资理财之前，投资者首先要建立理财思维，即不把投资理财当作消遣，而应正视投资理财的价值和意义，对其引起重视。人人都可以投资理财，投资理财并非有钱人的专属。只要手中有余钱，你就可以设计专属自己的理财方案，不仅能够有效避免通货膨胀带来的风险，还能够实现资产升值。

同时，投资者也需要看懂钱，钱是人们生活的工具，千万别成为钱的奴隶。投资者也需要了解各种金融机构和经济数据，明白不同的金融机构能够给我们提供不同的服务，明白经济数据背后蕴含的经济态势。

此外，在投资理财前，投资者也需要做好资产配置，明确自己要投资哪些理财产品，同时明确资产的分配比例。投资有风险。而合理的资产配置能够有效规避风险，保证投资者的整体收益。

投资理财的方式有很多，如股票、基金、外汇、债券等，不论选择哪一种或哪几种投资方式，投资者都要掌握其投资技巧，并合理把控其风险。投资者需要对自己的现金流、预期的收益目标、能够承受的风险进行分析，保证投资理财有稳定的较高收益。投资理财的一个重要的前提就是不能让其影响正常的生活质量。

在通过投资理财积累一定的财富之后，投资者的理财生涯也将进入下一阶段。在较多财富的支撑下，投资者就可以进行股权投资、家庭信托、全权托管等对投资者资产有一定要求的投资理财，实现“钱生钱”。由于这些理财方式较为复杂，对理财的专业程度有较高的要求，投资者需要与信托公司或职业经理人进行合作，委托其帮助自己打理资产。

无论选择怎样的投资方式，无论处于投资理财的哪一阶段，投资者都要掌握必要的投资理财知识，并且学会科学合理地分配资产，防范投资风险，实现资产的稳定升值。而本书就以投资者的这种需求为出发点，为投资者详细讲述不同理财产品的特点和投资注意要点，为投资者进行投资理财提供指导。除了大量的实用知识外，本书还穿插了图片、表格和一些投资理财的案例，力求为读者提供良好的读书体验。通过本书的阅读，读者能够掌握必要的投资理财知识，做出科学合理的理财规划，并成长为更加成功的投资者。

目　录

构建思维篇　建立理财意识，从存钱到增值

进阶理财篇　把控风险，实现“钱生钱”

构建思维篇

建立理财意识，从存钱到增值

第 1 章
建立理财思维：真正的富人不为钱而工作

很多人兢兢业业地工作，一年到头却发现攒不下钱，这是为什么？归根结底是因为缺乏理财思维。理财思维就是除了赚钱，还需要思考如何实现“钱生钱”。

树立了理财思维后，也不能盲目地进行操作，还需要了解必要的理财知识，设计合理的理财方案，平衡理财的风险和收益。同时，合理储蓄是投资的前提，而正确的投资能够让财富更有价值。

1.1　理性投资，那些你必须知道的理财常识

投资理财是一个复杂的概念，涉及许多理财产品，不同理财产品的投资技巧不同。一些投资者只考虑投资的收益而不考虑投资的风险，最后不仅没有赚到钱，本金也大幅亏损，因此我们需要理性投资，设计合理的理财方案。

1.1.1　人人都需要投资理财

为什么要投资理财？当前人们的生活水平在不断提高，生活成本也越来越高，无论身处青年、中年、老年哪个阶段，都需要大量金钱。而学会理财，储备必要的经济能力，能够使人们更好地生活。理财是现代人的必修课，和日常的衣食住行同等重要。

投资理财有哪些优点？

首先，投资理财能够使生活更有规划。通过投资理财，投资者可以清楚地了解自己的生活习惯，从而对生活进行合理的规划，让生活有规律、有节制。

其次，投资理财能够实现资产增值，为投资者带来安全感。投资理财涉及的产品有很多，如低风险低收益的货币基金、中等风险和收益的债券、高风险高收益的股票等。投资者可以根据自身风险承受能力和收

益要求设计投资方案，通过理财使资产不断增值，实现“钱生钱”。

同时，随着当前的消费水平不断提高，衣食住行各方面的支出也不断增多，这些都给人们带来沉重的压力。而投资理财能够实现财富增值，为自己现在和未来的生活提供更多的保障，让生活更加安心。

最后，投资理财能够带来满足感。生活一旦有了目标，才会更有动力。通过设立一系列投资理财的目标，投资者能够在目标实现后获得满足感，有了目标的引导，生活也变得更加充实。

对于一个普通人来说，增加财富主要有两种途径：一种是通过工作获得更多收入；另一种是通过投资理财获得更多收益。同时除了带来收益外，投资理财也能够丰富人们的生活，使生活变得更加精彩。

1.1.2 设计自己专属的理财方案

由于每个人的财务状况、投资理财的目的不同，每个人的投资策略也不一样，要想合理地进行投资理财，就需要设计自己专属的理财方案。在设计理财方案时，投资者要做到知己知彼，即了解自己的财务状况、投资目的等，同时对各种理财产品进行充分的了解。

首先，投资者要做到知己，对自己进行全面的分析。

第一，测试自己的风险偏好。风险偏好是投资者在面对不确定的风险时的态度。一般而言，投资者的风险偏好类型可以分为进取型、中庸稳健型和保守型。投资者可以通过银行网站中相应的风险评测来分析自己具有怎样的风险偏好。风险偏好将决定投资者对于理财产品的选择。

第二，分析自己的家庭生命周期处在哪个阶段。家庭生命周期分为四个时期：家庭形成期，即刚刚组建家庭需要生养子女的时期；家庭成长期，即子女已经长大就学的时期；家庭成熟期，即子女独立、自己事业进一步发展的时期；家庭衰老期，即自己退休之后的时期。

投资者应根据家庭所处的不同阶段，选择合适的理财产品，即综合考虑当前收入、未来收入、子女教育、工作时间、退休时间等因素，做出合理的消费和理财决策，使家庭的消费水平保持相对平稳的状态。

第三，明确自己的理财目标，明确了理财目标才能根据目标制订理财计划。一些人投资理财是为了短时间内获得较高收益，因此会选择投资股票等高风险高收益产品；一些人投资理财是为了储备养老资金，因此会购买一些收益稳定的基金或股票，或购买养老保险，通过长时间的投资实现收益的最大化。

第四，分析自己的财务状况。投资者需要从收支、资产负债、财务目标三个方面分析自己的财务状况。投资者需要根据自己的消费习惯，做出相对合理的储蓄计划，这是进行投资的基础。投资者需要整理好自己的收入支出明细，明确必要的固定支出，计算每个月的储蓄额，并坚持进行储蓄。

其次，投资者要做到知彼，分析理财产品。

常见的理财产品有各种基金、贵金属、外汇、债券、保险等，大致可以分为以下几类。

第一类：流动资产，即流动性强、风险与收益低的理财产品，如活期储蓄、货基以及一些短期的理财产品等。

第二类：长期资产，这类理财产品流动性相对较差，风险低，收益稳定，如国债、定存等。

第三类：高风险资产，投资风险高，长期收益高，如股票、贵金属、外汇等。

在设计自己的理财方案时，投资者需要对自身情况和理财产品进行深入分析，根据自己的风险偏好、家庭生命周期所处阶段、理财目标和财务状况等选择理财产品，设计合理的理财计划。投资理财方案没有最佳标准，适合自己的才是最好的。

1.1.3 风险与收益相伴而行

很多人在手里有了余钱之后，都会购买各种理财产品，希望获得更多收益，但投资理财并不一定会获得收益，也存在一定的风险。因此，投资者在关注投资收益的同时也要警惕投资风险。

投资理财能够带来收益。获得收益是投资者进行投资理财的根本目的。许多投资者在投资的过程中会采取各种各样的投资策略扩大收益，同时，不同的投资策略会带来不同的收益。一般而言，投资理财的收益分为年收益与月收益两种，如果因为投资策略的调整改变了投资理财产品的时间，则会影响投资的收益。例如，如果在约定时间以前取出资金，那么投资的收益也会相应降低。

同时，投资理财会带来收益，也存在诸多风险。通常情况下，理财产品的收益越高，投资的风险也就越大。如果在投资过程中出现风险，那么投资者不仅不会获得收益，甚至还会亏掉本金，遭受巨大的损失。以股票为例，当投资者所购买的股票上涨时，投资收益就会增加；而股票一旦下跌，收益就会大幅缩水，甚至本金也会亏损。对于投资者来说，风险是每时每刻都存在的，也是无法避免的，所以，投资者必须要对投资的风险引起重视，通过各种手段控制风险，尽可能将风险降到最低。

投资理财中的收益与风险具有一定的客观性与可预见性，不同理财产品收益的高低与风险的大小都是能够分析出来的。因此，在进行投资理财时，投资者一定要注意收益与风险之间的关系，以客观的分析为依据选择理财产品。

在风险与收益相伴而行的情况下，投资者应如何进行投资？

首先，制订合理的投资计划。投资中的收益与风险相辅相成，如果想在投资理财中获得更多利润，就要根据实际情况制订科学合理的投资计划。做好投资计划不仅可以保证投资安全，还可以预见投资中可能出现的风险，进而做好风险应对措施，这是将风险降到最低，获取最大收益的有效方式。

其次，做好风险控制。风险控制是进行投资理财时重要的一部分，做好风险控制能够尽可能地降低投资风险，进而获得更多收益。制定风险控制策略时，最重要的是具有良好的风险控制素质。投资理财受外界因素影响较大，也会随时产生波动，因此投资者需要有较好的风险控制素质，既不过于紧张也不过于放松，做到张弛有度。例如，在股票市场中，股票价格时常会上下浮动，而一些投资者往往过于警惕，一旦发现有走低的趋势立即抛出手中的股票，这很容易造成损失，也是风险控制素质较差的表现。因此，投资者应稳住心态，在投资前全面了解投资对象的情况，在价格波动时做到理智判断，并做好风险预测与管理，避免在投资中受到损失。

最后，投资者要合理安排投资项目和比例。由于投资项目有很多，投资者的选择范围也很广，如果想通过投资获得更好的经济效益，就要选择合适的投资项目，进行多元化投资并设置好每一项投资项目的占比。投资者需要了解不同投资项目的收益和风险情况，分析不同投资项目的投资周期，做到长期投资和短期投资相结合，以便获得更加理想的投资收益。

1.1.4 理财的最高境界是顺势而为

如果投资者能够抓住时机在市场的价格波动中获取收益，就能轻松创造财富，而机会一旦错过，投资者的财富不仅很难增加，还有可能会遭受损失。

迈克 · 马加斯是一位成功的投资大师。很多出色的投资大师都在投资理财这条路上经历过不少失败，然后从失败中吸取经验和教训，最终获得成功，马加斯也是如此。

大学毕业后，马加斯成为一名期货公司的信息员，开始接触投资理财。早期的投资交易让他非常沮丧，一而再、再而三的尝试都以失败告终。

“失败乃成功之母”是亘古不变的真理。经历连番失败后，马加斯总结了投资的经验和教训，找到了出错的原因，最终成长为更出色的投资者。之后马加斯辞去了之前的工作，受雇为职业炒家，为公司管理基金。由于马加斯管理的基金的盈利几次都超过了公司其他基金经理的盈利总和，因此他得到了公司重用。10 年之内，马加斯成功地将自己管理的账户由 3 万美元变为 8 000 万美元。

1973 年，美国宣布停止执行价格管制计划，导致美元汇率大幅下跌，通货膨胀问题严重。当时的马加斯已经有了出神入化的功夫，在全面上升的市场中堪称“常胜将军”。但是，马加斯也曾因大意犯下过严重错误，错失了良机。

当时，大豆期货由 3.25 美元 / 蒲式耳（一蒲式耳相当于 35.238 升）暴升至 12 美元 / 蒲式耳。在大豆升市之中，马加斯一时冲动将所有多头平仓，原本寄希望于大豆出现回吐时再度买入，却忘记了师父斯科特对自己的教诲，“一定要在证实市势已经逆转后才可以离开市场，赢钱必须赢到尽”。

平仓之后，马加斯眼睁睁看着大豆连续 12 日涨停板，他无比悔恨。当时的马加斯每天来到公司都会看到同事斯科特因为享受到大豆涨停板的利润而欣喜不已，而自己却错失了这一良机。这次失败给马加斯留下了一个刻骨铭心的教训，在此之后，马加斯在投资交易过程中更加小心谨慎。

马加斯有着三位一体的交易原则：当基本因素、图表分析发出相同信号、市场基调与大市走势互相配合三个因素都相互配合时，才重注出击。马加斯大部分利润均来自三位一体的交易。

20 世纪 70 年代末期，大豆进入牛市阶段，市场上的大豆供不应求，当时的美国政府每周都会宣布节节攀升的大豆出口数字。在这种情况下，大豆价位自然被推高，当时的马加斯拥有非常多的大豆多单。

有一天，马加斯的经纪人告诉马加斯，大豆的出口数量再创高峰，大豆价格暴升，但是马加斯持有的多单并没有满仓。市场普遍认为即使没有增加新的多仓数量，大豆合约依然会连续三日涨停板，马加斯对于自己尚未满仓而感到不悦。第二天，大豆果然以涨停板的姿势开出，随后大豆合约在涨停板价位出现大手的成交量。然后，忽然之间，大豆合约回头下跌，马加斯得偿所愿，买入更多的大豆合约。

当时的马加斯感觉到一丝异常，因为他觉得大豆本应该连续三日涨停板才能与市场消息相配合，但事实上却突然下跌。思索片刻后，马加斯立即通知经纪人沽出手上所有多头合约，并反手抛空。一时之间，马加斯成为市场的大沽家，最终大豆价位大幅下跌，马加斯大获全胜。马加斯的成功案例充分证明利好出笼，而市势未能做出相应的上升时，可以放心地沽空。

要想成为一个具有竞争力的投资者，并且依靠投资维持生计，就必须在投资理财这条路上不断努力。作为一名成功的投资者，马加斯曾对其他投资者给出以下忠告。

第一，每次买卖最多只能输掉本金的 5%，这样投资者就有 20 次出错的机会。如果不断出错，那么直到第 20 次才会全军覆没。正常来说，只要保持一半的分析正确率，并在盈利时赚得更多，最终是会获利的。

第二，在进入股市之前一定要为自己设置切切实实的止损盘，不能自欺欺人。入市的交易单只有伴以离市的止损单，才能保证在一定价位立即斩仓离场。就算刚入市 5 分钟，只要感到危险来临，也应毫不犹豫地平仓。

第三，出色的投资者都是独断独行的。很多优秀的投资者各有各的特长，同时也会有不同的弱点。假如投资者经过四处访问之后才决定下手，那就可能将其他人的缺点集于一身，造成严重的后果。还有很多专家本身不是实际入市的投资者，他们的建议也没有必要听从。四处寻求建议的做法还会使投资者丧失自信心，变得畏首畏尾，交易系统也不能保持前后一致，最终因为三心二意而导致投资失败。

第四，必须要限制入市买卖的次数。做得越多，出错的可能性越大，投资者应当把握最好的机会，然后再放手入市。投资成功的关键是能否守株待兔，等待入市时机。

第五，投资者可以通过对自己账户净值每日画图了解自己的交易状态，并观察净值的走势，了解自己的进退情况。当投资净值不断下滑时，这个警告就应当引起投资者的注意了。为了确保自己能够在投资市场里生存下去，投资者必须时刻保持警醒。当对自己的投资事业感到迷茫时，投资者应当暂时离开市场放假休养，等到恢复精力后再加入战斗。休息之后，投资者的头脑会变得更加清醒，更有可能取得良好的进展。

1.2 合理储蓄，告别“月光族”

生活中的很多人都是“月光族”，没有多余的钱进行投资理财，但仔细想想就会发现，生活中的许多花销都是不必要的。合理规划消费，养成储蓄的良好习惯，就能够为投资理财积攒初始资金。同时在进行储蓄时，我们也需要了解储蓄的种类，了解通过储蓄实现最大收益的技巧。

1.2.1 储蓄是所有投资的前提

储蓄是理财的第一步，把钱存在银行是人们最原始的理财方式，即便在理财方式多样化的今天，银行存款仍然是大众化且最保险的理财方式。储蓄未必能使人成为富翁，但不储蓄的人必然成不了富翁。但是许多人都忽视了储蓄在投资中的重要作用，认为只要做好投资就不需要储蓄，这种认知无疑是错误的。

储蓄是所有投资的前提。如果一个人在刚收到工资的时候不将一些钱存储下来，每到月底的时候花光所有的钱，那么他又哪里有钱进行投资呢？

小刘工作 5 年，一路打拼成了公司的一名管理者，每月薪水可观。可在和朋友交流时他才发现，许多朋友的收入未必高过自己，可在存款方面已经把他甩在了后面。因为小刘虽然收入不菲，但每月的花销也很多，因此工作几年了都没有攒下钱，是一名“月光族”。在与朋友的交谈中，朋友告诉他自己投资股票、基金赚了不少钱，小刘也很心动，但是他根本没有储蓄，也没钱进行投资。

在上述案例中，小刘就是因为缺乏储蓄规划而成为“月光族”，结果想理财的时候才发现没钱可投。由此可见，要想做投资，首先要做好储蓄。储蓄是积累本金的蓄水池，能够为日后的投资活动做好准备。

如何做好储蓄工作？

对于刚上班的未婚族来说，积累资金是最主要的，储蓄要做到存、省、投。

存就是要存钱，根据自己的收入情况，将收入的 10% ～ 20% 存入银行，具体的存钱比例要视实际收入和生活消费情况而定。同时在储蓄时，一定要在领完工资后就将一部分钱存入银行，不要在月底才将消费剩余的钱存入银行，以保证存钱的数额。

省就是要节省，减少不必要的支出，把省下来的钱用于存款或投资。

投资是在除去每月固定存款和消费之后的固定资金可以用于投资。例如，如果投资者短期内没有较大的资金支出，可将剩余资金的 60% 用于投资风险大、长期回报较高的股票、股票型基金等理财产品；30% 用于定期储蓄、债券或货币基金等收益稳定的理财产品；10% 进行活期储蓄，留出一定的流动资金以备不时之需。同时，在具体的投资比例方面投资者也可根据自身情况合理配置。

对于已经结婚的人来说，赡养父母、生育子女等都会成为人们的负担，为保证生活的稳定性，这类投资者需要选择相对稳妥、收益较高的多样化投资策略，如外汇产品、债券、货币基金等，稳中求进，逐步增加收益。有了孩子后，为孩子储备教育基金十分重要，因为教育基金一般需要投资 15 年，因此需要尽早进行投资。此外，给家庭买保险也是必不可少的。

学会储蓄能够为投资积累本金，因此我们需要做好个人储蓄规划，通过储蓄实现投资。

1.2.2　常见的储蓄种类

很多人认为储蓄只是把钱存进银行的一种简单行为，但事实上，如何存钱大有学问。我国储蓄种类多种多样，不同的储蓄种类在储蓄时间和收益上也大不相同，如果我们能根据自身的实际情况选择合适的存钱方式，就能够获得更高的收益。常见的储蓄种类有以下几种，如图 1–1 所示。

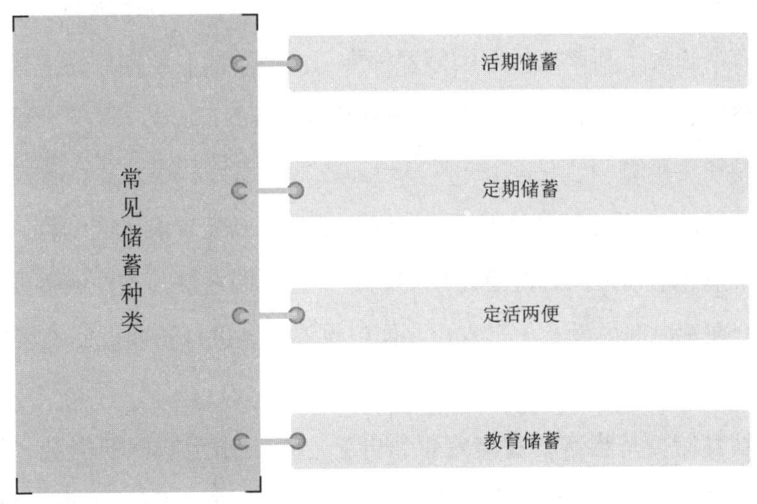

图1–1　常见的储蓄种类

1. 活期储蓄

一般而言，活期储蓄包括活期存折储蓄、活期存单储蓄、活期支票储蓄。此外，还有一种和活期存单储蓄十分相似的存款——通知存款。这类存款在存入时没有具体的期限，只是在取出存款之前必须提前通知银行。活期储蓄可实现随时存款取款，具有存取灵活、流动性大、适应性强的特点。

2. 定期储蓄

定期储蓄即在存入时约定存款期限，存入后期满方可提出本金和利息的一种储蓄方式。与活期储蓄相比，定期储蓄的利率较高，并且利率的高低与存款期限的长短密切相关，存款期限越长，利率越高。定期储蓄的存期长短、利率高低等因储蓄种类不同而不同。定期储蓄主要包括零存整取、整存整取、存本取息三种形式。

3. 定活两便

定活两便是指存款时不设定期限，客户可以随时取款或续存，利率介于定期和活期之间，既有定期之利，又有活期之便。这种储蓄方式十分适合在短时间内没有大笔支出，同时也不准备进行长期投资的客户。

4. 教育储蓄

教育储蓄是指客户在指定银行开户、存入固定数额的资金、用于子女教育的专项储蓄。开户时，客户需持子女本人户口本或身份证，以子女本人的名义开设账户。到期支取时，客户需凭存折及有关证明一次性提取本金和利息。

1.2.3　巧妙储蓄，将利息最大化

存钱不是一件简单的事情，也需要策略。存款具有多种方式，采用合适的方式巧妙储蓄，能够实现利息的最大化。以下三种非常实用的方法，可以让存款利息轻松增加，如图 1–2 所示。

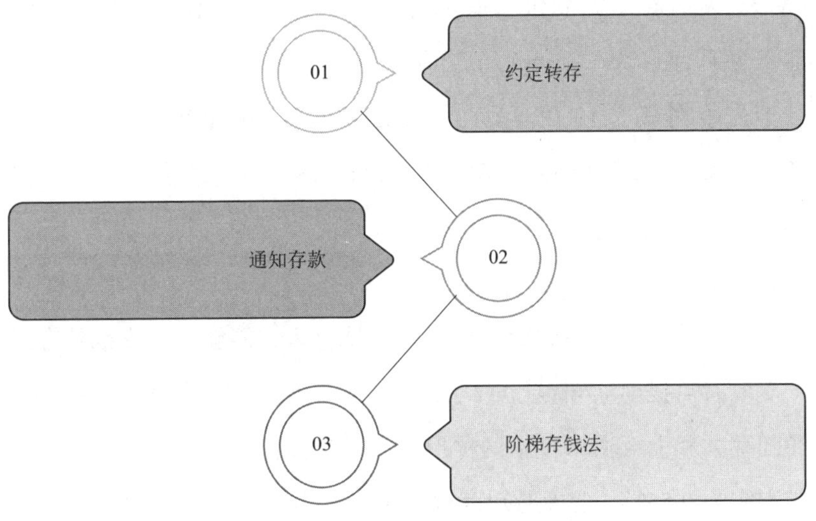

图1–2　巧妙储蓄的方法

1. 约定转存

很多银行都已开通约定转存的业务，即客户与银行约定好备用金

额，当账户里资金超过指定金额时，银行会根据客户的指令，将资金由活期储蓄调整为不同期限的定期储蓄，这样客户就能够提高利息收益。这种储蓄方式最大的好处就是能够在不影响客户资金使用的情况下，让客户的收益最大化，并且在账户里的备用金额减少后，约定转存的资金也会自动填补。

例如，李先生在某银行有 20 000 元活期存款，一年利息为：20 000×0.3%=60 元。在了解到银行有约定转存业务后，他决定办理该业务，该业务办理起点为 1 000 元，定期储蓄年利率为 1.75%，办理该业务后，李先生拥有了 19 000 元的一年定期储蓄和 1 000 元的活期储蓄，一年的利息为：19 000×1.75%+1 000×0.3%=335.5 元，利息几乎是活期储蓄的 5 倍多。

2. 通知存款

通知存款是一种不约定存期，一次性存入，能够多次支取的存款方式，支取时需提前通知银行，约定好支取日期和支取金额。一般分为一天通知存款和七天通知存款两种形式，以工商银行为例，一天通知存款的年利率为 0.55%，七天通知存款的年利率为 1.1%，都远高于活期储蓄的年利率。同时，这种储蓄形式只有在账户内有 5 万元以上资金时才能办理。

3. 阶梯存钱法

以将 5 万元存入银行为例，直接进行定期储蓄其实并不是最好的方法，最好的方法是把 5 万元分成五等份，每份的一万元分别进行一年、二年、三年、四年、五年的定期储蓄。

为什么要这么存？如果将钱全部存为一年定期，则利润太低，如果将钱全部存为五年期定期，则无法在急需用钱的时候及时取钱，提前支取也会造成利息损失。

这样存钱的好处在于，一年过后，可以将到期的一年定期储蓄转存为五年定期；两年过后，再把二年定期储蓄转存为五年定期，依此类推。这样一来，客户每年都有五年期的定期储蓄，每年都有一部分存款到期，以满足资金流动性的需求。

1.3　如何让财富更有价值

在通过储蓄获得一定的财富之后，我们就要思考如何才能让财富更有价值。闲置的资金不规划，资金就会贬值，即使把钱存进银行，也可能被时间悄悄偷走。要想让财富更有价值，就要学会投资理财，投资理财中复利和时间两个要素能够实现财富的增长。

1.3.1　闲置资金不规划，就等于贬值

投资者的终极目标是资本增值，但如果资本闲置，通货膨胀就会侵

蚀资本。通货膨胀是一个全球性问题，存在银行里的钱不知不觉就贬值了。而资金闲置则会错失投资良机。

当下理财市场的投资方式多种多样，包括股票、基金、黄金、外汇、保险等。为了使资金增值，投资者应当如何进行投资呢？资金规模不同，投资策略也不一样，下面以10万元、20万元、50万元为例讲解投资策略。

1. 10万元

如何让10万元保值增值，实现未来的生活目标呢？

对于保守型投资者而言，可选择低风险品种。如果投资者对风险的承受能力较低，那么在考虑10万元的理财组合时，应首先考虑投资风险，而非投资收益。所以，这类投资者适合选择风险最低、最稳定的理财方式，如期限较长的国债、债券型基金、配置型基金等。例如，这类投资者可以定期定额选择稳健的配置型基金进行定投；剩余资金可按比例投资国债和基金：配置型基金30%，债券型基金40%，国债30%。

对于稳健型投资者而言，可以选择偏股型基金定投。在控制风险的前提下，投资者可以选择部分低风险品种。股票型基金定投的风险与收益均相对较高，投资者可以拿出一部分资金进行股票型基金定投，再用一部分资金配置基金、保险等产品。例如，投资者可以定期定额选择积极的配置型、指数型基金进行基金定投；剩余资金可按比例投资基金：

股票型基金 30%，配置型基金 40%，债券型基金 30%。

对于激进型投资者而言，可选择较高风险的品种。如果投资者有较强的投资风险承受能力，可以选择更加积极的投资方式，较多地配置一些股票型基金。例如，投资者可以定期定额选择较为积极的股票型基金进行基金定投；剩余资金可以优先考虑较高风险的投资品种：股票型基金 60%，配置型基金 40%。

2. 20 万元

对于普通的工薪阶层来讲，20 万元已经是一个不小的数目。如何通过这 20 万元投资使得“钱生钱”，来改善生活呢？

对于保守型投资者来说，需要选择稳定的投资产品，可以在购买一些保险的基础上，再投资于国债或者债券型基金以及货币型基金。例如，投资者可选择投资期限较长的产品，如 5 年期国债，也可以购买风险较低的偏债型基金定投。

对于精打细算的稳健型投资者来说，可以将 10 万元投资货币型或者债券型基金，这一部分投资变现性较强，可应对意外开销，另外 10 万元可以投资股票型基金。

对于追求财富高成长的激进型投资者来说，20 万元投资方向可以主要为股票。如果投资者具有一定的投资实战能力，甚至还可以考虑投资权证等风险较大的品种。例如，除了少量配置保险外，投资者可将剩余资金全部购买股票，如果无暇或者没有能力操作股票，也可以全部购买偏股型基金。

3. 50 万元

当投资者手里有一笔 50 万元及以上的资金时应当如何理财，才能将这笔钱妥善投资增值呢？

对于保持稳中有升的保守型投资者来说，可以这样配置这 50 万元：10% 购买保险，如寿险、重大疾病险等；30% 用于购买国债；60% 用于购买基金。其中，再将基金资金的 60% 购买债券型或者货币型基金，剩下的 40% 购买混合型基金。

对于注意配置保险的稳健型投资者来说，可以这样配置这 50 万元：10% 用于购买寿险、重大疾病险、意外险等；60% 用于购买基金，投资债券型、货币型基金；30% 用于购买股票，投资较为稳健的低市盈率蓝筹股。

对于激进型投资者来说，证券投资是一个比较适合的渠道，可参考以下配置方案：5% 用于购买保险以及进行活期存款；60% 用于配置股票，选择有增长潜力的低价股，但要注意基本面的研究和介入时点的选择；35% 用于购买偏股型基金。

投资者自行投资时，可以参考以上建议。每位投资者的个人情况、风险偏好等都不相同，在进行投资时最好能与专业理财师交流一番，制定一份科学的投资规划，然后再进行投资。

1.3.2　世界上最强大的力量是“复利 + 时间”

什么是复利？复利是现代理财中的重要概念，即本金和以往的利息都会产生新的利息，由此实现财富增长，这被称为“复利效应”。

例如，如果一个人用 100 万元进行理财，每年投资可以实现 20% 的年化收益，那么 1 年后将变为 120 万元；10 年后将变为 619.17 万元；20 年后将变为 3 833.76 万元。这就是“复利 + 时间”的巨大力量。

哈佛商学院的一位教授曾提出一个问题，靠一张 0.1 毫米厚的白纸能到达月球吗？答案是能。如果这张白纸足够大，将其对折 44 次，其厚度就可以到达月球。所以复利的价值对我们理财来说不可不重视。

同时复利的神奇之处在于，随着时间的延长，财富也会呈指数级增长。1 美元每年翻 1 倍，持续 30 年，最后的数字会是多少？答案是 10 亿美元，准确的数字是 1 073 741 824 美元。复利持续累加的效果是惊人的，即便基数很小，在持续累加的情况下也会迅速膨胀。

理财界里有句话说：“最重要的一个成功因素是复利。”既然复利如此好，是不是复利越高越好？不，复利过高很可能是一个陷阱。

高增长率必定会走向自我毁灭。如果这种增长的基数小，那么在一段时间内这条定律不一定会奏效。但如果基数很大，那么高增长率就会迅速走向崩塌。

不要梦想通过短期暴利来加速复利的增长，能保证一个长期增长的较高的复利已经十分成功了。复利对我们的启示如图 1–3 所示。

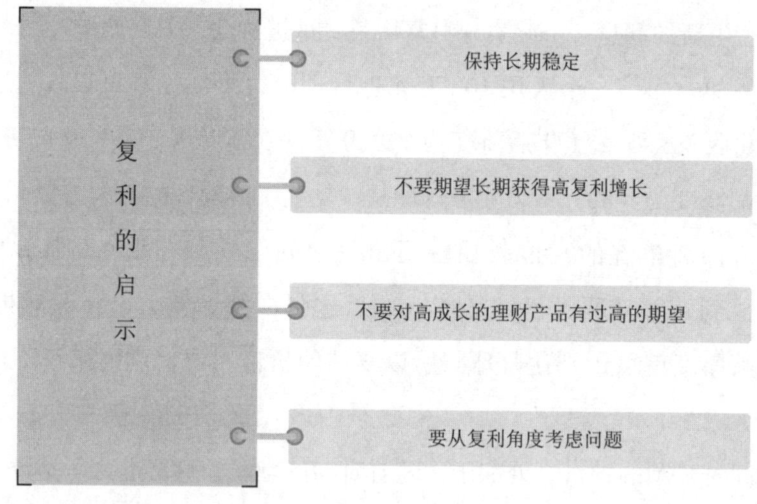

图1–3　复利的启示

1. 保持长期稳定

理财的成功指的不是一两次的投资成功，而是实现长期稳定的复利增长。

2. 不要期望长期获得高复利增长

由于市场的高效率，长期获得高报酬率的复利增长是不现实的，所以每当获得一次极高的投资收益时，首要考虑的是如何保住成果，而不是乘胜追击。

3. 不要对高成长的理财产品有过高的期望

一个很简单的数学依据：如果理财产品每年增长 1 倍，5 年后理财产品将成长 32 倍，这显然是不现实的。所以自认为发现了好的理财产品却又没有耐心等待逢低买入的人，不用担心股票有一天会突然疯涨；而已经持有低位买入的好股票的人，既不要把短期获利目标定得过高，也不要天天盼望着自己手中的理财产品快速上涨，最后失去耐心，过早抛出。

4. 要从复利角度考虑问题

投资者要从复利的角度思考问题。在基数小的情况下容易产生较高的复利，但是正因为基数小，所以大部分人不会重视。但如果从复利的角度思考问题，就会发现投资带来的长远利益，有了时间的加持，即便基数小，资金也能够实现稳定增长。

1.3.3　投资组合与资产配置

投资都会有风险，不同类型的理财产品的投资风险有高有低，为了更好地抵御投资的风险，让自己的整体投资获得更高收益，投资者应做好投资组合与资产配置。

当投资对象风险较高时，投资者应适当兼顾一些风险低的投资产品。尽管低风险投资产品的利润较低，但是可以更好地保证效益，这就降低了高风险投资项目的投资成本，在总体上降低了投资风险，提高了投资盈利。当投资对象主要是一些低风险的投资项目时，因为收益较低，投资者应兼顾多种低风险投资项目，以此来提高收益。这种互补互助的组合模式就是投资组合。

投资组合是投资者投资理财的最佳方式，能够有效地分散风险，保证收益。同时，在进行投资组合时，投资者需要做好相应的资产配置工作。

资产配置是理财规划的关键。人生的不同阶段对财富的需求不同。投资者需要根据自己的需求合理地进行投资理财规划，以此不断满足各个时期的需求。资产配置方法因人而异，但要想合理配置资产，投资者都需要考虑以下 4 个方面。

1. 安全性

在投资理财过程中，不管投资什么产品，投资者都要考虑到产品的安全性。因为投资理财的根本目标是在资产保值的前提下，争取获得更大的收益。许多理财产品虽然收益很高，但风险也更大，资产的安全性得不到保证。这时，投资者就需要谨慎决策，如果害怕承担较大风险，则选择其他更安全的产品。

2. 流动性

资产的流动性是投资者必须考虑的，要兼顾理财产品的收益与流动性。投资者在考虑资产配置时，眼光要长远，既能保证当前生活，又能兼顾未来发展，在选择一些流通性差的产品时，也要兼顾一些流动性好的产品，以备不时之需。在资产配置时，现金以及易变现资产理应占据一定比例，也要尽早规划教育、住房、养老等未来支出。

3. 收益性

投资者之所以积极地参与投资，就是为了赚更多的钱，保障未来的生活。一般而言，高收益产品同样具有高风险，低收益产品的风险也低，因此，在资产配置过程中，投资者可以采取高风险与低风险理财产品相结合的原则，以此获得更大收益。要注意，不能为了追求高收益而全部投资高收益、高风险的产品。

4. 起投门槛

不同理财产品的起投门槛不同，这也是投资者需要注意的。一般货币基金、国债、地方债的起投门槛都很低；银行理财的起投门槛一般在 5 万元左右，定融类政信债起投门槛一般 10 万元起，私募、信托的起投门槛一般在 100 万元左右。投资者需要根据不同理财产品的起投门槛选择适合自己的理财产品。

第 2 章
你看不懂钱，钱怎么来找你

有些人对投资理财十分热衷，但屡战屡败，原因就是看不懂“钱”的奥秘。钱不只是钱，它还有其他价值，要弄清楚“钱”的奥秘，就要了解货币流通速度和通货膨胀。

2.1　货币：钱不只是钱

钱不只是钱，我们在看钱时也不能只关注它本身，它还有时间价值。同时，在对货币进行分析时，货币流通速度和通货膨胀是其中的重要内容。

2.1.1　钱究竟有什么用

很多人对于钱都没有正确的认知，一些人在获得收入后只想着挥霍，根本没有储蓄或投资的想法；而一些人在获得收入后总想着将大部分钱存起来，或者将大部分钱用于投资，节衣缩食，日子过得十分清苦。这两种对于钱的观念都存在偏颇。

钱只是工具而不是人生的全部，钱是为人服务的。钱不能全部用来花，因为我们必须要有危机意识，懂得通过储蓄或投资为今后的生活提供保障；钱也不能全部用来存，因为我们也要安排好当下的生活。也就是说，我们要把钱进行合理分配，每个月收入的一部分用来改善生活，另一部分用于储蓄，还有一部分用于投资，以便更好地发挥钱的作用。

2.1.2　货币的时间价值

理财是指通过财务管理让财产保值并增值。人们的生存活动是以物质为基础的，与理财息息相关。从某种意义上说，在理财中，“财”是一种价值。

理财的目的是挖掘货币的时间价值。随着时间变化，使货币在生产和流通过程中产生增值。货币本身不会随着时间变化而发生变化，而理财则可以使货币产生收益，所以货币的时间价值一般用投资收益率来表示。一个聪明的投资者会通过理财投资将货币的时间价值最大化。在理财过程中，货币随着时间的变化而变化，是时间变量的函数。货币发生变化的那部分价值就是最初货币的时间价值。

货币的时间价值与通货膨胀不同，只有与劳动结合在一起才有意义。货币之所以会产生时间价值，主要有以下三个原因。

首先，货币的时间价值体现了资源稀缺性。现存的社会资源构成了社会财富，而经济和社会的发展主要依赖于社会财富。现在的社会资源可以创造出未来的物质和文化产品，未来的物质和文化产品又构成了将来的社会财富。众所周知，社会资源的显著特征就是稀缺性，基于这种特征可以创造出更多的社会产品，因此当前资源的效用要高于未来资源的效用。

在货币经济的前提下，货币是产品价值的直接体现。支配现在的产品的只能是现在的货币，而将来的货币只用于支配将来的产品，从这种角度来说，与未来的货币价值相比，现在货币的价值更高。市场利息率是衡量货币时间价值的标准，也是对平均经济增长和社会资源稀缺性的反映。

其次，在信用货币制度下，时间价值是流通中货币的固有特征。中央银行基础货币和商业银行体系派生存款共同构成了流通中的货币。受信用货币持续增加的大趋势影响，货币贬值、通货膨胀变得越来越普遍，致使现有货币的价值总是高于未来货币。市场利息率可以很好地反映出可贷资金状况和通货膨胀水平，也将货币价值随时间的推移而不断降低的程度表现出来。

最后，货币的时间价值可以反映人们的认知心理。由于人们在认知方面的局限性，人们往往对现在的事物具有较高的感知能力，而对未来事物的感知能力很弱。这造成一个结果，就是人们总是更加重视现在而忽视未来。人们可以确定的是现在的货币能够满足当前自己的现实需要，而未来的货币只能满足自己未来对产品的不确定需要。因此，现在的货币的单位货币价值比未来的单位货币的价值高。利息率的出现是为了让人们放弃现在货币以及现在货币的价值而付出的代价。

在进行投资理财时应当对货币的时间价值给予充分的重视。上海的王先生工作月收入为 8 000 元，除去日常花销外，每个月剩下的钱并不多，因此也没有投资计划。王先生认为，现在进行投资还为时尚早，自己的当前收入并不高，等到有高收益的理财产品再做计划。

王先生没有考虑货币的时间价值，其投资观点有失偏颇。事实上，如果王先生认识到货币的时间价值，从24岁参加工作就开始每月投资1 000元基金，假设基金收益率为5%，等到王先生60岁退休时就可以得到120万元的投资收入；如果王先生在30岁才开始每月投资1 000元基金，同样假设5%的收益率，等到王先生60岁退休时则可以得到83.7万元的投资收益。晚投资6年，收益却相差36.3万元。

货币的时间价值是巨大的，千万不要因为资金太少而放弃投资。所有的财富都不是凭空而生的，一定是积少成多、通过“钱滚钱”地逐渐累积。投资者应当尽早制订平稳的投资理财计划，这样才能逐步实现聚财的目标，为人生打下安定、有保障、高品质的基础。

货币的时间价值是一个经济学概念，与机会成本有异曲同工之处。在社会平均利润率一定的情况下，货币时间价值与计息期数呈正相关，货币的时间价值随计息期数的增加而增大。货币的时间价值大小由资金周转的快慢和每次资金循环时间的长短决定。

投资者要想科学合理地进行投资，必须充分了解货币的时间价值理论。货币只有通过投资理财活动才有可能实现其时间价值。

2.2 金融机构：财富的集散地

金融机构是财富的集聚地，包括不同的类型，不同类型的金融机构也有不同的职能。在进行投资理财前，投资者需要了解这些不同的金融机构，它们和投资理财密切相关。

2.2.1　中央银行："头部"金融管理机构

中央银行是由政府组建的、以控制国家货币供给和金融体系监管的金融管理机构，是国家最"头部"的金融管理机构。

1. 金融调控职能

中央银行作为一个国家机关，是一国最高的金融管理机构，其首要职能是金融调控职能。也就是说，中央银行为实现货币政策目标，通过金融手段，对整个国家的货币、信用活动进行调节和控制，进而影响国民经济的运行。

2. 公共服务职能

这是中央银行以银行的身份向政府、银行及其他金融机构所提供的金融服务。中央银行向政府提供的服务主要包括：向政府融资；代理国库收支业务；代理国债发行；办理债券到期时的还本付息；为国家掌管黄金外汇等国际储备等。中央银行为银行及其他金融机构提供的服务主要包括：保管各银行的存款准备金；为金融机构融通资金；办理支付清算业务；为社会提供服务等。

3. 金融监管职能

中央银行依法对金融机构及其业务和金融市场实施规制与约束，促使其依法稳健运行而采取一系列活动。主要包括：制定并监督执行有关金融管理法规、政策和制度，使管理对象有章可循，有法可依；对各类金融机构业务活动进行监管；监督管理金融市场等。

2.2.2 商业银行：活跃的金融细胞

商业银行是银行的一种类型，主要业务包括存款、贷款、汇兑、储蓄等。商业银行是金融市场中一种活跃的金融细胞，主要有 5 个基本职能，如图 2–1 所示。

1. 调节经济

商业银行具有经济调节的作用，其能够调节社会各部门的资金短缺，并且在央行货币政策的指引下，实现消费比例投资、经济结构等方面的调整。此外，商业银行还可以通过在国际市场上进行融资来调节本国的国际收支状况。

商业银行职能广泛，其对社会经济活动的影响显著，在金融体系甚至国民经济中占有重要的地位。随着市场经济的发展，商业银行的智能也更加多元化。

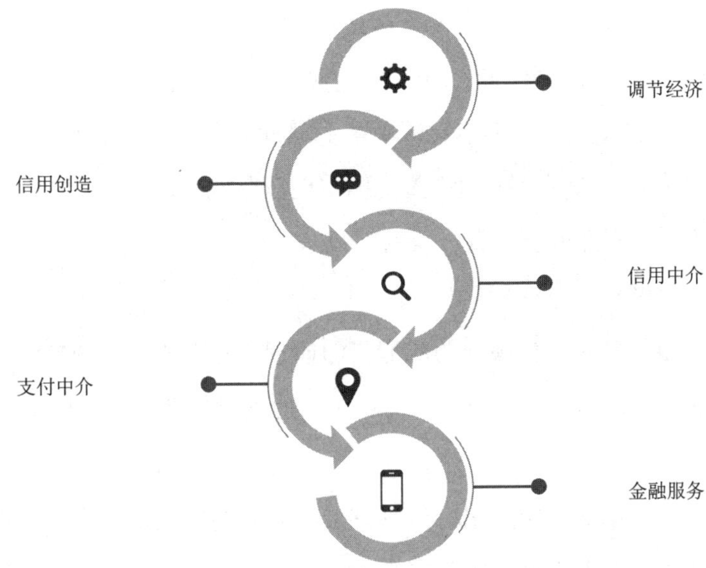

图2-1　商业银行的主要职能

2. 信用创造

在信用职能和支付职能的基础上，商业银行拥有了信用创造职能。商业银行能够吸收各种存款，同时用这些存款发放贷款，在支票流通和转账的基础上，贷款又派生为存款，在这种存款不完全提现的基础上，商业银行的资金就会大大增加，最后形成数倍于原始存款的派生存款。

3. 信用中介

信用中介是最能反映商业银行经营活动特征的职能。商业银行通过银行的负债业务，把社会上的闲散资金集中到银行中来，再将其投向经济各部门。商业银行作为资金的贷出者与借入者的中介，实现资金的流通，并从吸收资金的成本与发放贷款利息及各种投资中获取利益收入，形成银行利润。商业银行通过信用中介实现资金盈余和短缺之间的流通，并不改变资金的所有权，改变的只是资金的使用权。

4. 支付中介

商业银行具有支付中介的职能，即通过资金在账户上的转移，代理客户完成支付，是工商企业、团体和个人的支付代理人。

5. 金融服务

除了以上职能，商业银行还具有金融服务的职能，即为客户提供咨询服务和各种货币业务，如发放工资、代理支付等。

2.2.3 投资银行：综合经营资本市场业务

投资银行是从事证券发行、交易及相关业务的一种金融机构。其组织形态分为以下几种。

（1）独立的专业性投资银行：这种类型的投资银行比较多，遍布世界各地，不同的投资银行有各自擅长的业务方向，如我国的中信证券、中金公司等。

（2）商业银行拥有的投资银行：是指商业银行兼并收购的投资银行，或商业银行建立附属公司开展投资银行业，如汇丰集团、瑞银集团。

（3）全能型银行：这种类型的银行既从事投资银行业务，也从事商业银行业务。

（4）跨国财务公司：不同于商业银行，投资银行的资金来源主要依靠发行股票和债券。此外，投资银行也从其他银行贷款，但这并不是其资金来源的主要部分。最初的投资银行是由于证券的发行及推销的需求而产生的，但随着市场的发展，其业务范围越来越广。

投资银行的业务除了证券的承销外，还涉及公司理财、咨询服务、基金管理等。投资银行为需要资金的企业和政府提供筹集资金的服务，也是投资者买卖证券的经纪人。

投资银行在中国称为证券公司。

2.2.4　信托投资公司：为你保管财产

信托与银行、保险、证券共称为金融业的四大支柱，同样信托投资公司也是市场中的重要金融机构。信托投资公司在投资理财方面具有以下特点，如图 2–2 所示。

1. 经营范围广

当前，银行、保险、证券三者在业务经营方面有着严格的政策约束，相对而言，信托投资的经营范围较为广泛，涉及资本市场、货币市场、产业市场等，投资领域的多元化能够在一定程度上降低投资风险。

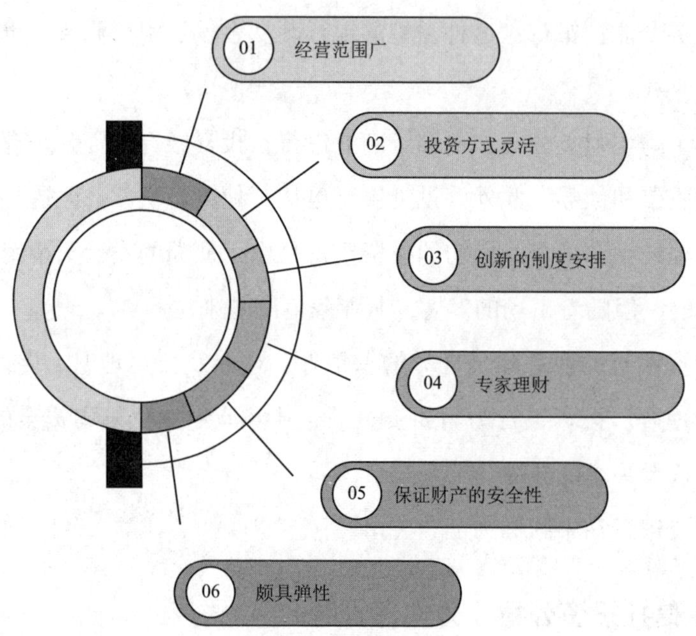

图2-2　信托投资公司的特点

2. 投资方式灵活

信托投资公司可以根据委托人的喜好制定非标准的信托规划，通过专业的理财设计最大程度地满足委托人的要求。这种投资方式和产品的灵活性是其他金融机构所缺乏的。

3. 创新的制度安排

信托投资公司会把委托人、受托人、受益人的权利、责任和风险进行严格的分离。信托合约一经签订，就会把受益权分给受益人，把管理权分给受托人。信托合约对信托财产的管理、处分有严格的限定，委托人只能按照合约规定的范围和方式进行运作。这样一来就固定了各方的权利和义务，能够确保信托财产按固定的方式持续经营。

4. 专家理财

信托投资公司提供专家理财服务，与个人理财相比，专家理财既省时省心，又能降低风险、提高收益。

5. 保证财产的安全性

信托投资公司能够保障财产不受政治、经济、债权诉讼等因素的影响，保障财产的安全性。

6. 颇具弹性

信托在设计方面十分灵活，可依据委托人的不同要求进行定制。信托可一直延续，也可依据委托人的指令随时终止，可作为任何投资，也可将原财产重新分配或更换受益人。

除了以上特点外，信托投资公司的业务也多种多样，包括资产托管、金融租赁、经济咨询、证券投资等，投资者可根据自己的需求选择合适的业务。

2.2.5　证券交易所：各类资金交易的场所

证券交易所是证券交易双方交易的场所，是证券市场的核心。证券交易所本身并不交易证券，而是为证券交易的双方提供必要的设施和固定的交易场所。证券交易所会配备完善的管理和业务人员，并对证券交易进行严密的组织和管理，保证交易的公平性和安全性。

证券交易所是一个有形的证券交易市场，其主要特征表现在以下几个方面。

（1）证券交易所有固定的交易场所、交易时间。

（2）证券交易所是提供证券集中竞价交易的证券交易市场。其集中了证券的交易双方，在买方和卖方均为个人的情况下，按照价格优先、时间先后的原则确定证券交易的价格，并最终达成证券交易，具有较高的成交效率和成交速度。

（3）证券交易所中的交易对象为符合一定标准的上市证券。

（4）证券交易所内的交易者一般为证券交易所会员的证券经纪商，投资者不能直接在证券交易所交易证券，只能委托会员经纪商间接进行交易。

目前，上海证券交易所和深圳证券交易所，除了提供证券交易场所外，其还会公告证券价格和交易信息，维护交易秩序。

2.2.6 保险公司：出售“保障”的地方

保险公司也是市场中重要的金融机构，相对于其他金融机构来说，保险公司出售保险产品不只能满足投资人的投资需求，还能让投资人获得一定的保障。

保险公司也具有投资的职能。目前保险资产管理业市场中的许多综合性保险资产管理公司、养老保险公司及其他专业性保险资产管理公司都设立了保险资产管理部门。同时，保险资产管理不仅是管理保险资金，还涉及多种跨界投资，如公募基金、私募基金、年金管理等，同时除了传统的股票投资外，也会进行不动产投资、衍生品投资等。

虽然和银行或信托等资产管理形式相比，保险资产管理的发展还不够成熟，但是，这种资产管理方式具有很强的风控能力和安全性。在配置资产时，投资者可以通过长线投资提升收益。

银行资产管理的优势在于其多元化的选择，但其风控能力和保险资产管理相对并没有优势。而信托资产管理的优势在于其专业化的投资能力，但是其不会承担太多的风险。相比之下，安全可控的保险产品会成为更多保守型投资者的选择。

2.3　经济数据：看懂数字背后的秘密

在市场经济日益活跃的今天，要想更好地进行投资理财，必须了解宏观经济数据。通过对各种指标数据的了解，投资者能够了解当前经济的发展趋势和国家宏观政策的走向，从而进行更加科学的投资决策，减少风险，获得更高收益。

2.3.1 GDP：衡量国家经济状况

从本质上看，所有投资标的价值增长的来源都是经济的增长，因此，投资者需要关注的第一个数据就是“经济增长率”，即国家 GDP 的增长。GDP 即国内生产总值，是指某个国家在某个时间阶段内，生产产品或者提供服务所创造价值的总和，是衡量国家经济运行状况的重要数据。

在了解 GDP 增速时，投资者可具体了解季度 GDP 增长率和年度 GDP 增长率。对于 GDP 增长率，不仅要了解其绝对值，也要了解其变化趋势。例如，某年第一季度 GDP 的增长率为 12%，而从第二个季度开始 GDP 的增速就开始下滑，第二季度增速下滑到 10%，第三季度增速下滑到 7%。在 GDP 增速持续下滑时，整个投资市场就会比较惨淡，投资者对投资的情绪也会较为悲观；而当 GDP 平稳增长时，投资市场会更加活跃，市场的运行也会更加平稳。

一个国家的 GDP 不断增长，可以体现出这个国家经济高速发展的状态，国民的收入与购买能力也在不断增强。同时 GDP 增长过快，会导致原材料因供给不足而涨价，原材料价格的上涨也会推动物价的上升。这时，投资者如果投资了紧缺的原材料资源，就容易获得丰厚的回报。

2.3.2 GNP：与国民原则密切联系

GNP 即国民生产总值，是指一个国家的所有常住单位在某个时期内实际收到的原始收入（劳动报酬、生产税净额、营业盈余等）的总和价值。

本国国民通过在国外工作或投资所获得的收入称为从国外得到的要素收入，是本国国民生产总值的一部分。而非本国国民在本国的投资或工作收入称为支付给国外的要素收入，不属于本国的国民生产总值。

因此，国民生产总值为国内生产总值加上本国国民从国外得到的净要素收入，从国外得到的净要素收入即从国外得到的要素收入减去支付给国外的要素收入，即：国民生产总值 = 国内生产总值 + 国外净要素收入。

对于投资理财来说，如果我国的 GNP 提高，那么证券市场、汇率市场等投资市场会比较坚挺；反之，各投资市场的走势就会下滑。GNP 的不断提高反映了经济的不断发展，也是适合投资的信号。

2.3.3　CPI：通货膨胀的最佳反应

CPI 即消费者物价指数，是指居民购买产品与服务的价格上下变动的表现情况，它受生产者物价指数的影响，它的价格指数是指生产产品与提供服务所带来的价值的总和，在经济体系中占有重要地位。

CPI 能够反映物价增长幅度和通货膨胀指数，同时，CPI 的变动也会影响央行的经济政策。如果 CPI 达到 3% 以上，说明物价增长过快，这时央行会通过加息、提高存款利率等方式收紧货币；如果 CPI 下跌至 1% 以下，说明物价增长过慢，市场经济低迷，这时央行会通过降息、降低存款利率的方式刺激经济；如果 CPI 处于 1% ～ 3%，说明物价增长平缓，市场也比较稳定，央行就不会出台调控政策。

CPI 能够勾勒出投资市场的宏观背景，其指数的高低能反映出经济的走势，同时投资者也可以根据其指数预测国家的宏观经济政策，以此做出更合理的投资决策。

2.3.4　PPI：反映企业生产成本的变化

PPI 即生产者物价指数，是反映生产的产品价格变化走势与变化程度的一项数值，是制定经济政策的重要依据。企业生产产品的出厂价格，不一定是消费者的购买价格，因为企业会以更高的价格将产品转移给消费者。例如，如果木材价格大涨，纸张价格也会上涨；棉花价格上涨，纺织品价格也会随之上涨。因此，生产者物价指数对市面上产品的价值变动有影响。

相较于 CPI 来说，PPI 对投资市场，尤其是股市的影响更加直接，因为它关系到上市公司的利润水平。PPI 指数表明了企业的平均成本，揭示了企业未来的盈利能力，这会影响投资者对企业的利润预期，从而影响股市的波动。例如许多上市企业属于制造业，制造业的平均利润低于 5%，而当 PPI 涨幅在 5% 上下浮动时，就决定了这些企业未来是盈利还是亏损。

如果 PPI 大幅上涨，那么企业的采购成本将大大增加，在无法将这些成本有效转嫁给消费者的情况下，企业的利润将大幅减少甚至亏损。而利润减少意味着对股东的回报也会减少。企业的投资价值下降，投资回报预期降低，会导致投资者的投资信心下降，投资市场低迷。

第 3 章
用专业思维打理你的资产

很多人在投资理财的过程中，会将全部的资产用来购买同一种理财产品，结果损失惨重。不论你多么相信一种理财产品，都不要投入你的全部的资产，要用专业的思维打理资产，学会科学的资产配置，才能既获得较好的收益，又保证投资的安全性。

3.1 如何分配你的钱

在思考如何分配资产时，首先要摒除的就是单一的资产分配方式，采用更加科学合理的多样化资产配置。在这方面，投资者要了解标准普尔家庭资产分配法和博傻理论，并掌握专业的理财知识和理财工具。

3.1.1 标准普尔家庭资产分配法

标准普尔家庭资产象限图将家庭资产分为四个部分，分别是要花的钱、保命的钱、生钱的钱、保本增值的钱。这四个部分的作用不同，资金的比例和投资方式也各不相同，如图 3-1 所示。

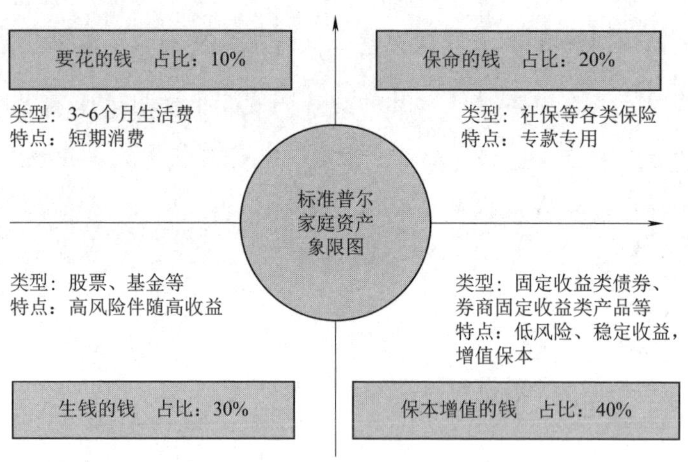

图3-1　标准普尔家庭资产象限图

第一部分是平时要花的钱，如日常吃饭、出行、购物的花销等，一般占家庭资产的 10%，为家庭 3 ～ 6 个月的生活费。这部分资金必须保证流动性、灵活性，因此可以将这笔资金进行活期储蓄，或者放在余额宝等灵活性强的理财产品中。

第二部分是保命的钱，目的是解决突发的大额开支，一般占家庭资产的 20%。这笔资产要保证专款专用，保障家庭成员在遭遇意外事故或突发疾病时，有足够的钱来保命。因此，这一部分资产用来投资意外保险、医疗保险等，为家庭提供保障。

第三部分重在收益，是生钱的钱，一般占家庭资产的 30%。投资者可以用这笔钱购买高风险、高收益的股票、基金等。这部分资金之所以要规划好占比就是要保证整个家庭资产的安全，即这部分资产无论盈亏都不会对家庭有致命的打击。

第四部分是保本增值的钱，一般占家庭资产的 40% 左右。这部分资金投资的重点在于要保证本金不能有损失，并要能够抵御通货膨胀造成的贬值，因此在进行投资时，应选择固定收益类的债券或有固定收益的其他理财产品等，收益不一定高，但一定要保证收益安全、稳定。

这四个部分就像桌子的四条腿，桌子少了任何一条腿都会摇摇欲坠，同样家庭资产的分配少了任何一方面都会存在风险。在进行资产分配时，如果投资者发现自己没有保命的钱或者保本增值的钱，那么就需要仔细思考一下，是不是将过多的资产投入了股市？或者日常生活花销占了家庭资产的过大比重？这时就需要对资产分配进行合理的调整。

3.1.2 合理预期：关键在于有人愿意高价接手

曾经，某画家的一幅画作被拍出了 30 万元的高价，但这位中标者并不是该画家的粉丝，他之所以买这幅画，就是因为他知道这幅画在很多人眼中独具价值，只要有人愿意花比 30 万元更高的价格将画买走，自己就能够获利。

这个故事就表明了投资中要有合理预期，在资本市场中，投资者之所以在意一件产品的真实价值，愿意花高价购买，是因为他们相信会有其他人愿意出更高的价格将产品买走。这表明，只要拥有合理预期，不是最后一个将产品买走的人就有机会获利。

这投资背后的意义，投资者需要判断是否还会有下一任买家从自己这里买走产品，只要将产品卖出去，自己就会成为赢家。而不同投资者对未来价值的判断对结果产生决定性的影响。

在此投资过程中，要控制自己的投资预期，如果预期过高，容易出现高位购入，低位卖出的情况。在这过程中，要尽可能地掌握专业知识，对收集到的数据进行大量的分析与研究，得到一个合理的预期结论，以利于自己的决策。

因此，投资者必须了解市场的规则和变化趋势，密切关注市场动向，时刻做好出手的准备。

3.1.3　理财策略：牢记 5 个理财要点

投资有风险，在投资市场越来越火热的当下，许多投资者在投资的过程中也越来越重视资产配置的合理性和安全性，怎样让资产合理地保值与升值，成为其思考的重要问题。在投资理财的过程中，投资者要牢记以下 5 个要点。

第一，投资者需要根据自身财务情况，制定合理的理财目标。

首先，投资者在制定理财目标时，需要切合未来投资的发展轨迹。例如，如果投资者期望通过投资理财为孩子提供更好的保障，在前期进行资产配置时，就要注重在孩子意外保险、教育基金等方面的投资，以保证投资的长久性。

其次，投资者必须制定具体的理财目标。例如，投资者想要购买一辆车，前期需要准备多少资金、经过多久完成这件事情，都需要有详细的规划。

最后，针对不同的理财内容，投资者要区别优先级别，做好预期计划。例如，先购置房产还是先购置保险，这就需要投资者依据自身情况和投资项目，理性地做出决策。

第二，投资者需要对项目内容的风险进行评估。在进行资产配置过程中，投资者需要有风险预估准备，在风险承受能力之内做投资。同时，新手投资者在进行风险预估时，要先进行风险测评，对自身承担风险的能力进行大致的认识，明确自己的行事风格为稳健型抑或激进型，进行个性化、有针对性的理财分析。

第三，投资者需要设计合理的资产配置方案。投资者进行投资理财时最好用分散资产的方式来规避风险，资产配置分为风险型、稳健型、保本型、保障型 4 种类型。

例如，股票这类高风险、高收益的投资理财方式属于风险型投资，投资者可以分散一部分投资资金用于风险投资。投资者还可以将一部分资金买入国债、银行理财产品，在这一市场中收获保本、保息的收益。此外，投资者也可适当将一些资金用于购买黄金、基金、保险等保障型资产，作为今后的有效保障。通过这样的合理搭配，投资者的资产才能获得更好的稳定性、收益性和流动性。

第四，永远记得保住本金是关键。很多投资者在投资时并没有意识到“保本”的重要性，总是期望得到更高的回报，即使市场走势不明，也不愿意暂时观望，而是期盼着市场能够向自己期望的那样发展，但结果往往是残酷的。不要等到遭受损失时才悔恨没有保本，一旦发现市场出现了危机，就要及时收手，及时规避风险。及时止损也是一种重要的理财策略。

第五，投资者需要适时进行资产方案微调。在进入投资市场时，如果投资者投资了某家企业的基金，就要密切关注这家企业的一举一动。当企业的财务状况发生变化时，投资者的理财方案也需要根据实际情况及时做出调整。

3.2　最关键的三种财务表

企业的财务状况能够反映出企业的经营现状、存在哪些问题、未来的发展方向等。在投资一家企业之前，投资者需要了解企业的财务情况，分析企业的财务报表。企业最重要的财务报表有三种，分别是资产负债表、利润表和现金流量表。这三个表格能够反映出企业的效益和发展趋势，也是投资者需要重点关注的内容。

3.2.1　资产负债表

资产负债表最能反映企业的经营状况，也是投资者首先需要调查的表格。投资者可以通过资产负债表了解企业的权益构成，了解企业管理层是否对资源进行了合理的利用，企业的未来资产是否能够增值，进而做出投资决策。

那么，资产负债表涉及哪些内容？投资者怎样进行资产负债表的审查呢？投资者需要重点关注资产负债表的内容，见表 3–1。

表3–1　资产负债表需要关注的重要内容

类　别	内　　容
货币资金	流动资金；冻结资金
应收账款	内部应收账款；逾期账款及坏账分析；应收账款变化趋势分析；重要客户的应收账款分析
其他应收账款	大额款项的合同及协议；是否有大额投资或委托理财
存货	存货分类及趋势变化；发出商品及分析付款发出商品；存货的滞销及残损
长期投资	控股企业验证其投资比例及所占权益；了解参股企业的资料
固定资产	固定资产分类；在用、停用、残损的固定资产；区分生产经营和非生产经营
无形资产	无形资产的种类及获得途径；寿命；计价依据
在建工程	项目预算；完成程度；是否有停工工程；工程的用途
借款	债权人；借款性质及条件；是否正常偿还利息；是否可以进行债务重组
应付账款	业务趋势与应付账款趋势的比较；了解企业信用；账龄分析

在对资产负债表进行分析时，投资者需要根据不同的财务数据分析企业的财务情况。例如，如果企业的流动资产提高，表明企业的支付能力和盈利能力增强，但如果同时企业的应收账款增加了，就表明企业可能采取了比较激进的财务政策，如进行赊账销售等，这就会增加欠账违约的风险；存货数量的增加可能意味着企业有大量库存积压，销售方面存在问题。这些都是需要投资者认真分析的。

3.2.2　利润表

利润表能够反映企业的成本、收入情况，表现出企业利润的构成和实现过程。通过对利润表的观察，投资者可以分析企业的经营业绩和利润情况。

投资者可以通过企业的利润表获得财务信息，见表 3–2。

表3–2　利润表中的财务信息

类　别	内　容
销售收入与成本	近年来的销售收入、销售量、单位成本、毛利率的变化趋势；近年来的产品结构变化趋势；企业大客户的变化；关联交易与非关联交易对利润的影响；成本结构
期间费用	企业近年来费用总额、费用水平趋势；人工成本等主要费用的变化；其他业务利润；企业是否存在稳定的其他业务收入来源
投资收益	近年对外投资类别及各项投资的报酬率
营业外收支	有无异常情况
未来损益的影响因素	销售收入；销售成本；期间费用；其他业务利润
收入核查	购销合同；发票（增值税、营业税发票等）；资金回款；验收或运费单据；纳税申报表；缴纳相应的税款
成本核查	是否有配比的原材料购进和消耗（含包装物）；购销业务付款周期是否正常

这些财务信息是投资者进行投资决策时需要了解的关键内容。同时，投资者审查企业利润表需要达成以下 4 个目的。

第一，对利润表存在性认定的检查。证实企业利润表中的各种收入、费用在一定时期确实已发生。

第二，对利润表完整性认定的检查。确认企业利润表中包含的企业特定期间内的相关收入、费用交易是否存在缺失。

第三，对利润表的估价与分摊认定的检查。证实利润表中的收入和费用等要素是否均已按适当的方法进行计价，列入利润表的利润总额、净利润等金额是否正确无误。

第四，对利润表合法性认定的检查。证实企业是否按照法定程序分配利润。

3.2.3 现金流量表

现金流量表是指企业在一定时间内的经营、投资和筹资活动对其现金或现金等价物产生作用的财务报表。这也是投资者需要审查的关于企业财务方面内容的最后一个表格。

现金流的多少对企业的生存和发展有重大影响。即便企业的盈利能力良好，但如果现金流断裂，也会对企业的生产经营造成重大影响，严重时还会造成企业倒闭。

投资者通过对企业现金流量表进行观察，可以看到现金的净增加额。在企业融资和投资规模不变的情况下，现金净增加额越大，说明企业的活力越强，反之则越弱。

投资者需要在现金流量表中审查企业展示的 8 个比率。

1. 创造现金能力比率

创造现金能力比率 = 经营活动的现金流量 / 现金流量总额。企业创造现金能力比率越高，说明企业创造现金的能力越强。企业经营活动的净现金流量代表了企业创造现金的能力，是偿还企业债务的最终依靠。

2. 偿付全部债务能力比率

偿付全部债务能力比率 = 经营活动的净现金流量 / 债务总额。偿付全部债务能力比率表示了企业在一定时期内，每一元负债由多少经营活动现金流量所补充。该比率越大，说明企业偿还全部债务的能力越强。

3. 短期偿债能力比率

短期偿债能力比率 = 经营活动的净现金流量 / 流动负债。短期偿债能力比率越大，说明企业的短期偿债能力越强。

4. 每股流通股的现金流量比率

每股流通股的现金流量比率 = 经营活动的净现金流量 / 流通在外的普通股数。每股流通股的现金流量比率越大，说明企业进行资本支出的能力越强。

5. 支付现金股利比率

支付现金股利比率 = 经营活动的净现金流量 / 现金股利。支付现金股利比率越大，代表企业支付现金股利的能力越强。同时，股利发放的多少与股利政策有关。

6. 现金流量资本支出比率

现金流量资本支出比率＝经营活动的净现金流量／资本支出总额。现金流量资本支出比率主要表示企业利用经营活动产生的净现金流量维持或扩大生产经营规模的能力。这一比率越大，说明企业的发展能力越强；比率越小，说明企业的发展能力越弱。

7. 现金流入对现金流出比率

现金流入对现金流出比率＝经营活动的现金流入总额／经营活动引起的现金流出总额。如果现金流入对现金流出的比例大于 1，那么企业可以在不增加负债的情况下维持再生产；反之，企业会增加负债。

8. 净现金流量偏离标准比率

净现金流量偏离标准比率＝经营活动的净现金流量／（净收益＋折旧或摊销额）。净现金流量偏离比率反映了对净现金流量水平的衡量标准，标准值为 1。

投资者可以根据以上 8 个比率对企业的现金流量表进行审查，同时需要注意的是，要利用往年真实的历史数据及科学的预测运算方式进行现金流存量的审查。如果企业主营业务没有太大变化，其他因素则影响不大，可以根据增长率进行正常审查。

3.3　紧跟宏观大趋势

宏观经济政策、产业政策、汇率政策等深刻影响着投资市场发展的大趋势，而顺势而为是投资者进行投资的重要原则。因此，投资者需要了解投资市场的宏观大趋势，紧跟趋势进行投资决策。

3.3.1　宏观经济政策：政府的“有形之手”

国家宏观政策对证券市场的影响十分深刻，也十分复杂。宏观经济政策是证券市场发展的一个导向。宏观经济政策是指政府有意识地通过一些手段，调节控制宏观经济的运行，以实现经济的稳定发展。具体而言，宏观经济政策中的财政政策和货币政策都会对证券市场产生深刻影响。

1. 财政政策对证券市场的影响

财政政策分为扩张性、紧缩性、中性财政政策三种。当实行紧缩性财政政策时，政府会着重保证各种行政和国防开支，不会进行大规模的投资；当实行扩张性财政政策时，政府会在能源、交通和其他建筑相关产业进行积极投资，从而带动钢铁、机械等行业的发展。如果政府在这时发行债券，也会对证券市场产生重大影响。

财政政策主要通过以下几种方式对证券市场造成影响。

（1）扩张性财政政策的实施，能够提升市场需求，降低经营风险，股市等投资市场也会上涨。相反，如果经济过热遭到紧缩性财政政策的抑制，股票的市场价格也会降低。

（2）政府采购扩大，对公路、桥梁、港口等方面的投资加大，能够增加市场中对工业产品的需求，而促使证券价格上涨。政府的购买和投资规模缩减则会起到相反的效果。

（3）政府转移支付水平的变化会导致社会购买力在结构上的变化，从而影响总需求。完善政府转移支付，如提高社会福利开支，为农民进行拨款补贴等，会使一些人提高收入水平，促进企业利润增长，因此，有利于证券价格的上升；反之，政府转移支付水平下降也会使证券价格下降。

（4）在其他各方面不变的情况下，公司税的变化会直接影响公司的净利润，进而影响公司扩充生产规模的能力，影响公司的发展潜力，因此调整公司税对证券市场具有较大影响。

2. 货币政策对证券市场的影响

货币政策主要通过以下几个方面对证券市场产生影响。

（1）当货币的供应量增加时，证券市场的资金会增多，同时通货膨胀也会促使投资者为了保值而积极买进证券，证券市场的价格也随之上涨；反之，当货币的供应量降低时，证券市场的价格也会随之下降。

（2）通过调整利率对证券市场造成影响。利率对证券市场价格的影响十分直接。利率与证券市场的价格为逆相关的关系。利率上升，投资证券的收益低于银行存款利率，投资者的收益降低，折现率增加，证券市场的价格随之下跌；利率下降，投资证券的收益高于银行存款利率，投资收益增加，折扣率降低，证券市场的价格也会随之上涨。

（3）央行在公开市场中买入证券，会使证券的需求增加，从而使证券市场的价格上扬；反之，央行出售证券，增加证券的供给，就会使证券价格下降。

国家宏观政策对证券市场的影响是深远且直接的，因此，投资者在进行投资时要时刻关注国家的宏观经济政策，了解国家宏观经济运行状况，以减少不必要的风险，获得更多收益。

3.3.2　产业政策：全面的调整计划

在投资的过程中，尽管投资者最终的着眼点是企业，但企业深受产业政策的影响，因此投资者也必须关注产业政策。有时候，一个政策的出台会导致整个行业重新洗牌，也会使得从前一个冷门的行业变得火热。投资者必须时刻关注产业政策的变化，根据产业前景做出投资决策。

只有在政策鼓励下，这个产业才会有好的发展前景，投资者在这个产业投资才会有更好的收益；反之，如果投资者进入了一个政策遏制的行业，那么投资的前景和收益都不乐观，甚至会遭受重大损失。投资者要了解产业政策的导向，知道这些政策鼓励发展什么，这个方向就是投资者投资的方向；而政策限制的方向，产业发展前景不乐观，自然也是投资的雷区。

一些投资者对产业政策后知后觉，甚至政策已经出台了，投资方向还和政策背道而驰，最终投资以失败收场。投资者必须要对产业政策保持敏感性，根据产业政策的变动分析其导向，并据此调整自己的投资策略。

3.3.3 汇率政策：控制资本流动

很多国家为了发展本国经济，越来越多地介入国际金融市场中，与其他国家产生了各种各样的货币关系，而汇率是这些关系的核心。汇率是一国货币兑换另一国货币的比率，其变动能够反作用于经济。汇率能够通过影响进出口、物价、资本流动等方式影响投资。

首先，汇率通过进出口影响投资。汇率贬值能够促进出口、抑制进口。具体过程为：在货币对内购买力不变，而对外汇率贬值时，该国出口产品所得的外汇收入，按最新的汇率折算能够获得更多的本国货币，企业可以从汇率贬值中获得更多利润，出口需求增大，进而促进投资的增加。

对于进口来说，在对外汇率贬值的情况下，进口产品需要支付更多的本国货币，因而其产品的价格也会上涨，能够有效抑制进口。这样一来，国内需求需要通过国内投资来满足，这能够刺激国内投资的增加。反之，汇率升值，则会导致进口增加同时抑制出口，使得国内投资减少。

其次，汇率通过物价影响投资。汇率贬值会引起进口产品价格的上涨，国内产品和原材料的需求上升，从而刺激国内投资；反之，汇率升值，则会抑制进口产品的物价，使国内投资相对减少。

从出口产品来看，汇率贬值有利于扩大出口，使出口产品在国内市场的供给变小，从而抬高其国内市场价格，刺激投资的增加；而汇率升值使一些产品由出口转为内销，增加了国内市场供给，产品价格降低，投资也会被抑制。

最后，汇率通过资本流出流入影响投资。汇率变动往往会对资本流动，尤其是短期资本流动产生明显影响。在汇率贬值的情况下，投资者就不愿持有以本国货币计价的各种资产，而更愿意投资汇率较高的国家的金融市场来获取更多的收益，因此，汇率贬值会减少本国市场的投资；反之，汇率升值会增加本国市场的投资。

汇率变动对市场中的供需情况和投资收益有重要影响，因此，投资者需要关注汇率的变动，根据汇率的变动情况调整自己的投资策略。

3.4 风险管理思维

投资有风险，收益越高的投资产品风险越大。同时，证券市场变幻莫测，一些突如其来的风险也会使很多投资者血本无归。要想使投资更加安全，投资者就需要具有风险管理思维，不把所有的鸡蛋放在同一个篮子里，不随便进行投资，不盲从他人，同时在遭受风险时也要懂得及时抽身，明白保本是投资者生存的第一要义。

3.4.1 不要把鸡蛋放在同一个篮子里

许多投资者都听过这样一句话，“不要把鸡蛋放在同一个篮子里”，这句话的意思就是要进行分散投资，降低投资风险。这句话也是在告诫投资者，在进行投资活动时不要孤注一掷，要为自己留下后路。

不少投资者发现身边有人通过一种投资赚到钱之后，自己也会随之在这种理财产品中投入大量的资金，或者一些投资者的资金有限，也不会思考如何分配资金，而是当发现有收益好的理财产品时就一股脑儿地把钱投进去，期望着大赚一笔，但往往事与愿违。

孤注一掷是一场冒险，一时胜利后，除非马上离场，否则从市场中来的钱，还会回到市场中去。而且，在适当的时机离场并没有想象的那么容易，很多人在赚到钱之后都不会及时离场，而是期待着更大的收益，但在这种情况下一旦失败，连翻身的机会都没有。

在对市场和理财产品没有足够了解的情况下投入全部资金是盲目又冒险的，这种将鸡蛋放在同一个篮子里的投资行为会换来惨痛的教训。因此投资者应记住，永远不要将所有资金投在单一的理财产品上。一般来说，理财种类越分散，承担的风险就越小。

理财的目的是获得收益。当投资者只投资一种理财产品时，一旦投资失败，往往会血本无归。而如果投资者投资了多种理财产品，其中一种理财产品的亏损不会影响投资的最终结果，其他产品的收益能够弥补这项投资的亏损，这样算下来，投资者的整体投资还是能够获得收益的。

成功的投资者不会在某一种理财产品中投入自己的全部资产，在进行大量投资前，他们都会先投入小规模的资金，然后密切关注市场的反应情况，并仔细分析投资的收益，在明确这种产品的可靠性后，他们才会逐步投入更多的资金。并且成功的投资者不会只关注一种产品，他们会综合分析各种理财产品，并根据自己的资金情况做出合理配置。他们会通过多元化的投资方案来抵御投资中的风险。

分散投资能够降低投资风险，同时在产生风险时，分散投资也能够更好地抵御风险，在一定程度上降低投资者的损失，保证投资者的收益。投资者在投资的过程中要牢记投资风险，并通过这种方式抵御风险。

3.4.2 了解才能行动，杜绝赌徒心态

在进行投资时，投资者需要避免赌徒心态，盲目跟风进行投资，而要对市场和理财产品有足够的了解，在投资前也要有自己理智的判断。投资要做到知己知彼，不了解投资对象就“盲目下注”，往往会导致投资失败。

巴菲特之所以被人们称为“股神”，得益于他独特的投资眼光。一般投资者在一家公司的股票大跌时，一定会提高警惕，找机会抽身逃离。当股票大跌超过 30% 时，不少投资者都认为这就是逃离的大限。但是巴菲特认为，大跌的数字可以超过 80%，但前提是投资者对于这只股票非常了解并抱有坚定的信心。巴菲特对富国银行的投资就是如此。

从 1989 年开始，巴菲特开始大量买入富国银行股票，并连续持股超过 30 年，这也为他带来了巨额收益。当初购买富国银行股票时，股价已经大跌超过 82%。一般的投资者不敢冒这样的风险，但是巴菲特对富国银行非常了解，也很有信心，于是在股价狂跌之后购买了富国银行的股票。

巴菲特认为富国银行是全美市值最高的银行，长期以来一直享有良好的信誉，也是美国盈利最多、效率最高的银行之一，业绩稳定是巴菲特选择富国银行的重要原因。在大量买入富国银行股票后，巴菲特接受《福布斯》杂志采访时表示：“富国银行的管理模式很好，股

价水平也较为合理。富国银行是优秀的上市公司，买入它的股票也可以获得更好的回报。”

正如巴菲特预料的那样，在超过 30 年持股的过程中，巴菲特获得了数十倍的回报。

了解所投资的领域是投资者应遵循的投资方法。但是在投资理财领域，恐惧和贪婪很容易动摇投资者的信念，而且市场也会因此产生剧烈动荡。许多投资者因为贪婪而进入不熟悉的领域，以为能大赚一笔，最后又因失败和恐惧而离开。这两种现象在市场中很常见，归根结底就在于投资者对自身投资的领域并不熟悉，盲目地进入，又盲目地逃离，所以很难获得收益。

很多投资者会跟风投资一些看起来前景光明但是自己完全看不懂的企业，难以科学地分析出退出的时机，结果往往会遭受损失。巴菲特曾说：“永远不要投你看不懂的企业”，即便身为“股神”，他也会避免投资自己并不了解的科技公司。对于普通投资者来说更是如此，对于不了解的领域或不了解的企业，投资者难以根据政策变动分析企业的发展前景，也难以根据企业的动向分析其发展方向，更难以在风险来临之前准确地把握退出时机。这些都会加大投资者的投资风险。

为了让投资更简单，更具安全性，投资者要投资自己了解的领域和企业，不要以为整个市场都说某只股票好，就跟风持有该股票。了解才能行动，这是巴菲特带给其他投资者的启示，也是投资者在投资时需要遵循的原则。

3.4.3 独立思考，消灭从众心理

很多投资者在进行投资时，往往没有自己的判断，而是跟着大众走，市场上出现了某个热点，许多人看好这个热点并纷纷购入股票，这些投资者也跟随大众购买该股票，而当众人纷纷出手该股票时，总有一些跟风而上却来不及脱身的人深陷市场的沼泽。由从众心理导致的投资失败在市场中屡见不鲜。

为什么在投资理财中要保持独立思考，避免从众心理？

没有最规范的投资策略，对于投资者而言，适合自己的才是最好的，盲从别人往往会打乱自己的计划，加大投资风险。例如，有的投资者十分喜欢投资股票，常常能够在投资中获益，即使投资失败，也并不气馁。另一名投资者也跟随这名投资者投资股票，由于没有太多的资金，他将原来计划投资保险的资金投资了股票，结果惨败，不仅没有获得收益，原本用来投资保险的资金也泡汤了，他万分后悔，但为时已晚。

没有适合所有人的投资策略，投资策略因人而异，在选择各种理财品种时，最关键的问题在于要独立思考，寻找适合自己的理财策略。

在股票、基金疯狂上涨时，人们会对银行推出的理财产品有排斥倾向，那些低风险、低收益的理财产品容易无人问津。然而，当市场发生变化、股市进入大调整时，股票、基金就又被人们冷落，银行的低风

险、低收益的理财产品则开始活跃起来。

在市场发生显著变化、股市走低之前，投资者应减持权益类的投资，如股票和基金等，增加现金资产的持有率，并适度投资部分银行的低风险理财产品，从而避免损失，保证投资收益。同样，在市场上股票、基金少有人投资时，投资者也应思考其背后的原因。虽然在投资理财领域做少数派并不简单，但是想要成为优秀的投资者，必须要进行多方尝试，积累足够的市场经验。

投资者投资成功的关键在于找到适合自身的投资策略。只有在独立思考下，投资者才能制定出符合自身需求的投资策略和目标规划。同时，在进行投资决策时，投资者也要进行仔细的市场分析和财务分析。只有经过透彻的分析，投资者才能对自己的投资更有信心，才能了解投资的风险并及时防范风险，提高自己的投资能力。

3.4.4 保本是投资者生存的第一要义

对于很多投资者来说，亏钱不是最可怕的，最可怕的是错过大赚一笔的机会，因此他们的投资策略往往十分冒险，也常常会投资失败。对于这些投资者来收，他们并没有意识到保本的重要性。在投资市场中，投资成功的基础是保本，尽可能地减少错误。

要想实现保本，投资者首先要做到在自己的能力范围内投资，只有在自己的能力范围内，才有可能合理分析企业的持续竞争优势，对企业的价值有一个相对准确的估计。例如，投资者如果并不了解科技领域，那么就算有投资微软、思科的机会，也应该考虑到自身的投资范围，考量自己能否掌控高科技产业。

其次，保本生存还要求投资者克服可能经常出现的认知和行为偏差，因为在投资市场上，有相当一部分投资者缺乏理性，在投资决策过程中，他们常常会受到各种心理因素的影响，导致出现严重的认知和行为偏差。在已经认识到一个投资机会存在巨大风险时，就不要为获得高利润而冒险投入。

最后，保本生存就是要有效避免风险。对于长期投资者来说，要想达到减少风险、保本生存的目的，就要具备长远的眼光，能正确估量投资的价值，并看到投资的长期价值。同时投资者要保持理性，不要盲目冒进，在选择理财产品时，投资者要根据个人风险承受能力和预期收益做出具体的决策。一般而言，投资理财产品分为固定收益产品和浮动收益产品。理财产品也存在亏本的可能，高收益往往附带高风险。

投资者必须具有保本意识，不要一进市场就想着赚大钱，预期盈利不要设得太高，力求投资收益的稳定。同时，当市场产生波动，自己已经连续亏损时，要懂得及时收手，及时止损，例如，投资者可以给自己设定一个亏损的预期，一旦投资跌破这一亏损值就立刻收手，避免更大的损失。

初级理财篇

找好理财组合拳，实现 1+1>2

第 4 章 股票投资：新中产阶级的“聚宝盆”

股票投资具有高收益、高风险的特点，也是很多激进型的投资者十分喜欢的一种投资方式。然而，股票投资是十分复杂的，要想做好股票投资，投资者就要了解股票投资的思维方式，了解股票的操作方法和投资方法，提升投资决策的科学合理性。

4.1　股票投资思维方式

股票市场变幻莫测，很多投资者在股市中并不能获得好的结果，而那些成功的投资者，往往都具有自己独特的视角和思维方式。思维方式决定了投资者是否能够投资成功。

4.1.1　股票投资的正确思维

要想科学地进行股票投资，首先要了解股票投资的正确思维。股票投资有 4 种正确的思维方式，如图 4-1 所示。

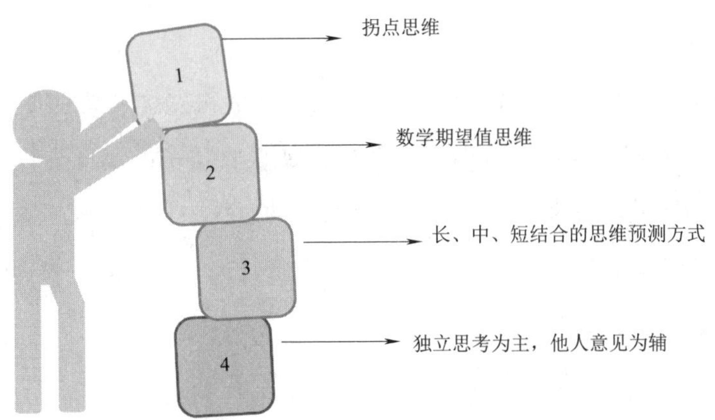

图4-1　4种正确的思维方式

1. 拐点思维

拐点思维是指当一件事情的趋势发生改变的时候，投资的价值往往是最大的。在投资市场，发生拐点的可以是利率、汇率，也可以是股票。

遇到了拐点，接下来就要寻找具体的投资目标，即确定要投资哪一只股票。确定股票之后，投资者要对这只股票进行深入的分析了解，分析其收益与风险，同时制定投资风险的防范对策。

另外，并不是每只股票大跌之后都会大涨，大涨之后都会大跌，投资者要了解该股票的市场趋势。例如，市场中某种金属的替代品十分火热，那么这种金属的价格就可能会一跌再跌，难以上涨。

2. 数学期望值思维

数学期望值就是把各种成败可能性的概率和收益率或亏损率相乘，形成一个加权平均的总收益率，并根据加权收益率的高低进行投资决策。数学期望值思维告诉投资者，在投资的过程中不能计较一城一地的得失，要接受结果的不确定性。投资者投资任何一只股票，投资的都是其数学期望值，很多结果并不是绝对的。

3. 长、中、短结合的思维预测方式

对于投资来说，学会进行预测十分重要。在进行预测时，投资者不仅要预测股票的短期趋势，还要预测其中期趋势和长期趋势。短期预测是预测股票几天、几周或几月的走势；中期预测则是预测股票半年至一年的走势；长期预测是预测股票一年以上的走势。

短期预测需要关注技术层面；中期预测需要关注资金的走势；长期预测更多的是关注经济学层面。在进行投资决策时，投资者应以中期预测为主，短期、长期预测为辅。

4. 独立思考为主，他人意见为辅

对于投资者来说，独立思考的成果最有价值，他人对于某一特定的行业或某一特定的股票可能并没有投资者自己了解得透彻，其给出的意见往往并不完全正确。并且即使投资者这次独立思考想错了，也是有价值的。这能够反映出投资者的缺陷，能够督促投资者填补知识空白，之后再进行决策时就会有进步。

同时，参考他人的意见也很重要。有一些人具有较为丰盛的投资经验和投资知识，沟通时他们往往会给出自己的意见或见解。投资者需要对这些意见进行分析，同时思考自己的想法是否存在疏漏之处，并及时改正自己的错误想法，做出更科学的决策。

在进行股票投资时，投资者需要建立以上思维，在正确思维的指导下做出更科学的决策。

4.1.2　如何分析股票走势

若想懂得股票的走势就要学会看 K 线图。K 线记录了某一周期内股票价格的变化过程，能充分显示股价趋势的强弱、买卖双方力量平衡的变化。K 线图能够显示股票买入卖出的最佳时机，为投资者进行决策提供依据。

K 线是一条柱状的线条，分为影线和实体。实体上方的影线叫作上影线，实体下方的影线叫作下影线；而实体分为阳线和阴线两种。影线表示当天交易的最高价和最低价，实体表示当天的开盘价和收盘价，如图 4–2 所示。

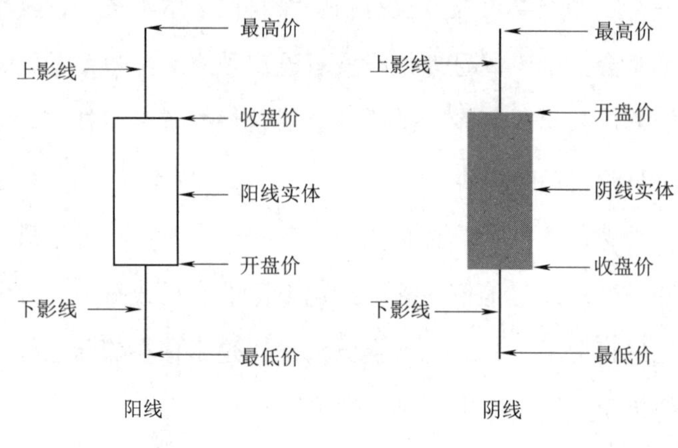

图4–2　K线图

K 线按计算周期可分为分 K 线、小时 K 线、日 K 线、周 K 线、月 K 线、年 K 线。市场上最主要的 K 线分析周期是日 K 线，而周 K 线、月 K 线常用于分析股票中期、长期行情。

K 线图怎么看？要注意以下 3 个关键点。

一看阴阳：周期内收跌的 K 线为阴线，为绿色实心线；周期内收涨的 K 线为阳线，为红色空心线。

二看实体大小：实体表示收盘价和开盘价的差值，差值越大表明上涨或者下跌的幅度越大，如图 4–3 所示。

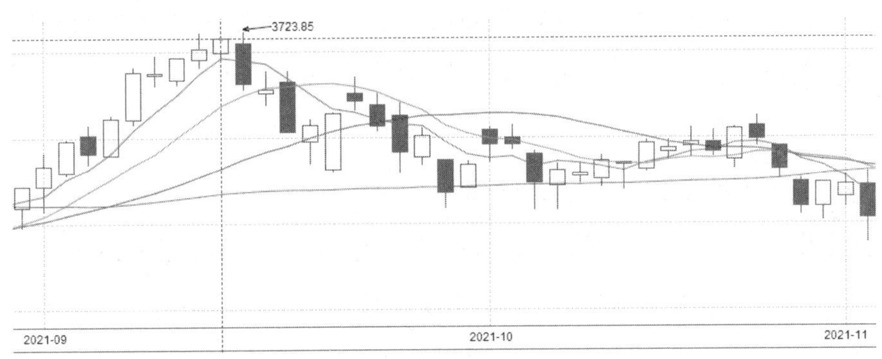

图4–3　K线图实体分析

三看影线长短：影线越长表明阻力越大，上影线越长表明上涨阻力越大，下影线越长表明下跌阻力越大。

4.2　如何看懂大盘

进行股票交易的前提是要看懂大盘，通过观看大盘，投资者不仅要分析股票的走势，还要把握股票市场的价格波动、确定进出市场的关键点位并掌握一定的操盘方法。

4.2.1 把握股票市场的价格波动

投资者若想在股票投资中获得收益，就要准确地把握股票市场的价格波动和其带来的影响。投资者需要做好以下 3 个方面。

1. 了解市场

股票市场变幻莫测，在选择股票之前，投资者首先要了解当下的股票市场，了解所要投资的股票项目。其中包括国家政策、经济条件、人口文化等。例如，政府出台了某行业的利好政策以后，该行业的发展也会更加火热，如果投资者正好对该行业比较熟悉，那么就可以选择该行业中比较突出的几只股票进行投资。

2. 交易适当

某些上市企业的股票价格一直处于不断波动的状态，而一些拥有此类股票的投资者过分在意股票价格的波动，不停地买入与卖出，希望在多次交易中赚取收益，却往往事与愿违。

市场中合适的出入点位并不常有，但很多人会随着价格的波动频繁进行交易，这是典型的冲动型交易。这种交易不仅会打乱投资者的思维，也极易错失最佳的交易点，最终造成投资者的损失。

3. 注意止损单

止损单是指当股票价位上涨或者下降到一定情况的时候，将触发止损单，进行自动买入与卖出。止损单可以保障投资者在市场中的基本利益，减少损失，降低风险，所以投资者在进行股票投资时应配合止损单进行交易操作。

例如，投资者陈先生是一名保守型的投资者，相对于投资的收益，他更重视投资的风险。在每次进行投资时，他都会设置止损单。在多次股票投资过程中，虽然股价不断波动，但是陈先生都能顺利地进行交易，赚钱的时候有收益保障，赔钱的时候也有止损意识，这使他能够处于稳赚不赔的状态。

投资者只要能合理地运用以上 3 个方法，就能有效地应对股票的价格变动，保障自身的收益。即使不能获得丰厚利润，也能保障本金的安全。

4.2.2　确定进出市场的关键点位

很多投资者在进行股票投资时都会听取各种专家对股市的看法，在进行各种操作时也会追随其他人的操作，但这些都不能保证投资的成功。不同人的投资策略不同，有的人喜欢进行短期投资，追求高收益；有的人喜欢长期的投资，追求收益的稳定性。不同类型的投资者采用的投资策略也不同，盲目跟随他人很可能会导致投资的失败。

投资者需要明确自己的投资偏好和追求，根据自己的投资策略思考进入股市时适合的出入点。这和投资者的投资选择有很大关系。以我国的股市为例，上海证券交易所和深圳证券交易所是我国的两大股市交易所，其股票交易市场的频率基本相同，但是随着中小板和创业板的不断涌入，两者也出现了不同的地方。例如，上海证券交易所上市公司很多为央企和国有企业，其受宏观政策的影响很深，而深圳证券交易所中上市公司有很多为民企，其受行业市场发展因素影响颇深。这些区别是投资者需要了解的。

市场趋势、宏观政策等因素都会造成股价的变动，投资者需要找到波动中关键的进出点，这需要投资者进行预判。投资股票市场的收益方式一定是“低买高卖”，而投资者需要在买入时预判过段时间股票价格会不会上涨以及判断何时是买入的最佳时机。同样，在卖出时，投资者需要预判何时卖出能够获得最大收益。预判的正确率是投资者收益的保障，而预判是建立在股票过去的走势上的。

在预判进出市场关键点位时，投资者需要掌握以下两种操作方法。

1. 顺势操作

顺势操作多指金叉死叉战法，如图 4–4 所示。

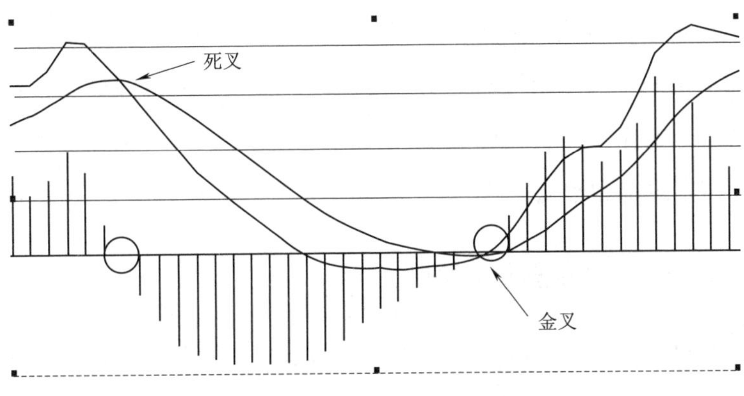

图4–4　金叉死叉战法

图 4–4 中，金叉代表买入股票的信号，柱体由绿色变为红色，由空头转为多头；死叉代表卖出股票的信号，柱体由红色变为绿色，由多头变为空头。当出现红色柱体一顶比一顶低，形成 M 头时，表明整体上涨趋势停止，进入下跌状态，股票应当卖出；当出现绿柱一底比一底高形成 W 头时，表明整体下降趋势停止，进入上涨状态，股票应当买入。

2. 逆势操作

逆势操作多指顶底背离战法。顶背离是指股价在不断增加，但是红柱的顶峰趋势在不断下降，这表明股票价格将在高位进行翻转，也就是股票价格下降的信号，投资者需要将股票卖出。底背离是指股票价格在持续下跌，但是绿柱的顶峰走势在不断升高，这表明股票价格将在低位进行反弹，也就是股票价格上升的信号，投资者需要将股票买入。

以上这两种方法统称为MACD波段战法，是投资者在进行股票操作时最常用的方法。当市场中出现这些买入或卖出的信号时，投资者就要及时进行操作，不要犹豫观望，及时出手能够在风险来临时及时避免风险，将损失降到最低。

4.2.3 利弗莫尔市场操作法则

著名投资家杰西·利弗莫尔曾是纽约华尔街投资界的神奇人物，具有极高的投资天赋，这让他在股票市场如鱼得水。他依据数十年交易股票的经验，创立了一套“利弗莫尔市场操作法则”。投资者在进行股票投资时，可以参考利弗莫尔市场操作法则来进行实际操作。

首先，利弗莫尔认为股票投资是一项严肃的挑战，投资者需要认真研习。可能不同投资者的各种建议会出现偏差，但是市场形势反映的股票走势是不会出错的。投资者需要根据各种市场信息分析股票的走势，如果股票处于上涨阶段，则不需要进行交易；如果股票的走势已经反映出危险的信号，则需要尽快出局，避免更多损失。

其次，利弗莫尔认为一年中只有少数几次机会是最佳的投资时机，投资者不应频繁进行交易，这可能会让投资者错失重要规模的股票市场交易。同时投资者要谨慎研究交易行情，弄清股票价格变动的原因。真正有价值的行情走势是会持续一段时间的，不会转瞬即逝，因此投资者不必急于进入股市。

再次，利弗莫尔不希望投资者在投资时运用股海战术，因为并不是手中握有的股票越多收益就会越高，股票投资的风险较大，在股市中投入的资金越多损失也可能越大。投资者只需关注行情最突出、最重要的那几只股票即可。运用市场给出的信号，结合时间要素进行投资，能更好地规避风险，获得收益。

最后，利弗莫尔告诫投资者应将股票投资的收益积累起来，这种积累表现在两个方面。一方面是资本的积累，投资者应将收益的一部分存储起来，这样能够保障无论投资成功与否，投资者都能够很好地生活下去；另一方面是指经验的积累，每一次股票交易都是一场实战，无论是成功的交易或者失败的交易，投资者都应重视，从交易中总结成功的经验并吸取失败的教训，以便实现自我成长，更好地进行下一次交易。

其实股票投资市场的花样并不多，股票的波动都是重复进行的，虽然每个行业的具体情况略有不同，但是其价格形态是相通的。利弗莫尔市场操作法在股票市场上具有广泛的指导意义。

利弗莫尔早期对于价格震荡比较敏感，但当进行价格记录之后，他发现在一定时间周期内，抹去一些微小不规则的股价波动，就形成了价格形态。后期经过多番验证，他认识到对股票行情的变化来说，时间因素至关重要，合理地把握股市行情时间性周期变动规律，能够更好地进行投资，获得收益。

投资者可以准备一张表格纸，根据需要将每只股票分为 6 列，按照

“次级回升、自然回升、上升趋势、下降趋势、自然回撤、次级回撤”的顺序划分每一列，并填写相应的股票价格，如表 4–1 所示。

表4–1　利弗莫尔市场分析表格

股票名称	次级回升	自然回升	上升趋势	下降趋势	自然回撤	次级回撤
股票 1						
股票 2						
股票 3						
股票 4						
股票 5						

投资者可以通过这样的分析方式了解各股票的详细信息，了解各股票的行情与趋势。单只股票的走势未必是整体股票行业的走势，将行业中不同股票结合在一起，综合分析其走势，能够得到更科学的结果。

投资者可以立足于行业市场的实际情况，根据利弗莫尔市场操作法则进行股票投资，把握股票的走势和进出市场的时机，就能够在一定程度上规避风险，获得更多收益。同时，投资者也要注意资金的积累和经验的积累，不断成长。

4.2.4　怎样跟随领涨股

领涨股是指每类股票中的权重股，代表着行业龙头的地位。相比于行业中的其他股票，权重股的发展状况更能体现出行业的发展或行业股票的走势。例如，在煤炭行业中，中国神华是权重股；在石油行业中，中国石化是权重股。这些企业的经营与发展影响着行业股票的上涨与下跌。

很多投资者在进行短线投资时，操作都具有很强的一致性，往往会面临集体涨停的情况。这使投资者总是处于失去先机，受制于人的境地。那么，投资者应该怎样解决这一问题？怎样跟随领涨股，让自身不被股市或者其他对手吞噬呢？投资者需要掌握 4 种方法，如图 4–5 所示。

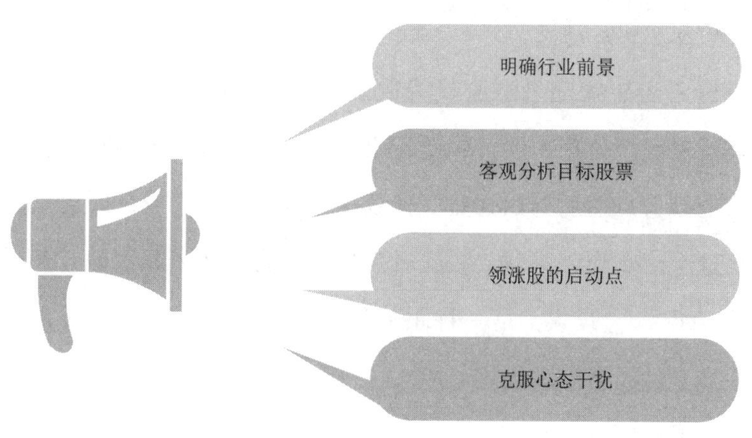

图4–5　跟随领涨股的方法

1. 明确行业前景

投资者在选择股票之前要先了解行业趋势和行业发展前景，某些夕阳行业的企业可能随时都会退市，即使夕阳行业的领涨股也存在退市的风险。要想在投资中稳中求胜，投资者就不需要再考虑这些企业。

2. 客观分析目标股票

投资者在购买股票之前，要对目标股票进行详细的分析，分析其价格上涨的持续性。如果某股票的价格在上涨的时候涨幅很大，但价格波动比较剧烈，上涨很短的一段时间后就会下跌，那么这样的股票就是投资者应该规避的。投资者应选择即使涨幅不大、但价格持续上升且较稳定的股票。

3. 领涨股的启动点

投资者若想跟随领涨股投资股票，就需要在其启动点买入，这个启动点就是股票价格由弱转强的转折点，即股票在运转过程中，突然出现较大的拉升，然后开始强势、持续地上涨，这个拉升的时刻就是启动点。当这个启动点到来时，投资者需抓住机会，买入领涨股。选择在领涨股启动点购入股票，是一种跟随市场主线的方式进行投资，是最轻松、最安全的投资获利方式。

4. 克服心态干扰

很多投资者都会患得患失，在股票低位买入时犹豫不决，股票高位持续时担惊受怕，甚至没有勇气在领涨股的启动点快速入手，错失良机。投资者要克服这种心态对投资的干扰，既然做出了选择就要果断出手。

以上 4 个方面能够帮助投资者更好地跟随领涨股进行股票投资。同时值得注意的是，如果投资者没能顺利地在启动点买到领涨股，也不要退而求其次去购买其他股票，以免增加股票投资的风险。

4.3　股票交易方法

按照投资者持股交易的时间长短，股票交易方法可以分为 3 种，分别是：短线交易法、中线交易法、长线交易法。短线交易一般持股一个月以内，中线交易一般持股一个月到一年，长线交易一般持股一年以上。不同的交易方法有不同的特点。

4.3.1　短线交易方法

短线交易的交易周期很短，通常为日内较短操作周期的交易方式，以 1 小时或 4 小时为操作周期；更短的短线交易以 5 分钟或 15 分钟为操作周期。短线交易更讲究速战速决，一旦失败就要立刻止损出局。

当大盘持续下跌时，投资者应该参与到积极选股中，这可以为未来大盘涨势时快速购买股票打下良好基础。当大盘相对稳定时，投资者需要再度审视拥有的股票，判断其涨幅，以便随时应对突发情况。

短线交易的优势十分明显，如果投资者的交易时机正确，就能够在短时间内获得收益。同时，短线交易能够在很短的时间里产生交易结果，降低了持单风险。

同时，短线交易有一定的技巧。以日内短线交易为例，投资者需要将交易频率控制在一定范围内，一般为 3 ～ 5 次，如果交易频率过于频繁，也会增加交易的风险。

4.3.2 中线交易方法

相比于短线交易，中线交易的持股时间较长，不影响投资者的日常工作，不受股价短期趋势的干扰，能够实现稳中求进。中线交易对投资者趋势把握和执行力方面的能力有较高要求，投资者需要做好以下几个方面。

首先，投资者需要了解股票的历史趋势，要对股票所处的行业市场进行调查，了解其所处的市场大环境，在此基础上判断股票的未来走势，再进行投资。由于中线交易的周期较长，所以投资者需要选择发展前景好、能够实现可持续发展的行业。

其次，投资者要了解股票市场的小环境，这方面包括所投股票的企业发展状态、股民们的心态与行为等。当股票走势良好，未来发展前景可期，股票市场小环境也不错，股票企业蓬勃发展，股民纷纷跟投，这时就是最好的投资时机。

最后，投资者要学会等待与观察。中线交易的周期较长，但并不是买好股票后就不用关注了，也不能一次性地重仓投入。投资者需要长期关注市场与股票变动，确定目标后也要分批买入，如果市场行情已不明朗，也要部分减仓。即便进行中期交易，投资者也要随时关注市场变化，并根据市场变动调整自己的资金投入。

4.3.3　长线交易方法

对于一些资产雄厚而且不着急获取利润的投资者来说，他们更适合进行长线交易，并且那些高分红的蓝筹股更适合长期持有，部分股票每年都会分红或派息，这笔钱也是一笔不错的收入。在进行长线交易时，投资者需要掌握以下方法。

首先，投资者要考虑投资市盈率和市净率长期都比较稳定且很低的大蓝筹股票，这类股票风险比较低。同时也可选择细分行业中的龙头股票，其具有较高的扩张能力，只要价格合理，投资者就可以计划入手。此外，在行业的选择上，投资者应规避夕阳行业和新兴行业，选择处于成长期的行业进行投资，这样不但可以规避风险，还能通过长期持有获得更多利润。

其次，长线交易追求的是长期收益，因此投资者不必过于关注股票短期的趋势，更不要因为短期趋势显出不利因素就进行交易。长线交易最忌讳的就是频繁操作，频繁操纵会让投资者迷失在市场的短期波动里，忽略股票发展的方向，加大股票投资的风险。

最后，在进行长线交易时，投资者必须稳住心态。在其他投资者纷纷进行交易时，投资者不要盲从；在股票价格暂时陷入低迷时，只要相信未来收益良好，也要坚持自己的选择。同时，在一次的投资失败后，投资者也不要自暴自弃，擅自改变投资策略，而要总结经验与教训，静待下一次投资机会的到来。

第 5 章
基金投资：稳健专业的“懒人”投资法

基金投资是一种间接的证券投资方式，投资者购买某公司的基金后，公司的基金经理会统一管理这笔资金，用于投资各种股票和债券，彼此之间共担风险，共享收益。相比于股票，基金是一种十分稳妥的投资方式，也深受投资者的喜爱。很多投资者为了规避风险，会选择基金这种稳健的投资方式。

基金投资并不是一件简单的事，想做好基金投资，投资者不仅要了解基金的基本知识，还要掌握选购基金的技巧和购买基金的注意事项。

5.1 基金投资为什么受欢迎

在投资市场中，基金广受投资者的欢迎，和其他理财产品相比，基金的投资门槛低、操作方便，并且投资风险低、收益稳定，对于保守型的投资者或者刚刚决定投资、没有资金的投资者来说，基金无疑是很好的选择。同时，在进行资金投资之前，投资者需要了解资金的常见类型、专业术语和投资优势等基础知识，以便更科学地进行投资决策。

5.1.1 基金的常见类型

根据投资对象的不同，基金分为 4 种类型，分别是股票型基金、债券型基金、混合型基金和货币型基金等。不同类型基金的收益和风险不同，投资者也要根据自己的风险承受能力选择合适的基金。

1. 股票型基金

股票型基金是以股票为投资对象的基金，具有高流动性和高变现性。同时股票型基金比直接投资股票的风险小很多，但与证券、货币型基金等相比，它的投资风险仍很高。一般来说，能够承受高风险的投资者可以投资这一类型的基金。

2. 债券型基金

债券型基金是以国债、公司债等具有固定收益的产品为投资对象的基金，因为其收益稳定，因此又被称为“固定收益基金”。它与股票型基金相比，收益更加稳定、风险也更低，因此更适合对资金安全性需求较高的投资者。

3. 混合型基金

混合型基金也称配置型基金，即基金经理会将投资者的资产进行组合配置，投资股票、债券等。这种基金的主要特点是以组合投资的方式来分散风险，其风险低于股票基金，同时收益又高于债券基金，是比较保守的投资选择。

4. 货币型基金

货币基金是投资于债券、央行票据等安全性极高的短期产品的基金类型。这一基金的主要特点是高安全性和高流动性，因此很适合害怕风险，并希望自身资产保持较高流动性的投资者。

不同类型的基金有各自的特点和优势，投资需要了解其各自的区别，再根据自己的风险承受能力和投资需求进行选择。

5.1.2　基金相关的专业术语

在基金投资中常见的专业术语有以下内容。

持仓：即投资者持有基金份额。

加仓：是指建仓时买入的基金净值上涨了，继续增加投资金额。

补仓：是指原基金净值下降，基金一部分被套，这时在价格低位时再次买进该基金以弥补成本。其中，被套是指基金的净值跌到投资者购买基金时的净值以下，如某基金现在净值为 0.98 元，而投资者买入时资金净值为 1.2 元，此时，投资者在该基金上被套 0.22 元。

满仓：是指投资者将所有的资金都买了基金。投入大额资金的叫作大户，投入小额资金的叫作散户。

重仓：是指某基金的投资占投资者资金的最大比重，如投资者购入了三只基金，有 60% 的基金都投资在一只基金上，那么这只基金就是投资者的重仓。

空仓：是指把某只基金全部赎回，得到所有资金。

平仓：是指买入后卖出，或卖出后买入。

做多：对未来持乐观态度，目前是低净买入基金，待收入上涨后卖出。

做空：对未来持悲观态度，先赎回基金，避免更大的损失。等基金净值下跌再买入，待净值上涨后卖出。

5.1.3 基金理财的优势

为什么许多投资者都十分热衷投资基金？关键就在于基金理财具有

诸多优势，如图 5-1 所示。

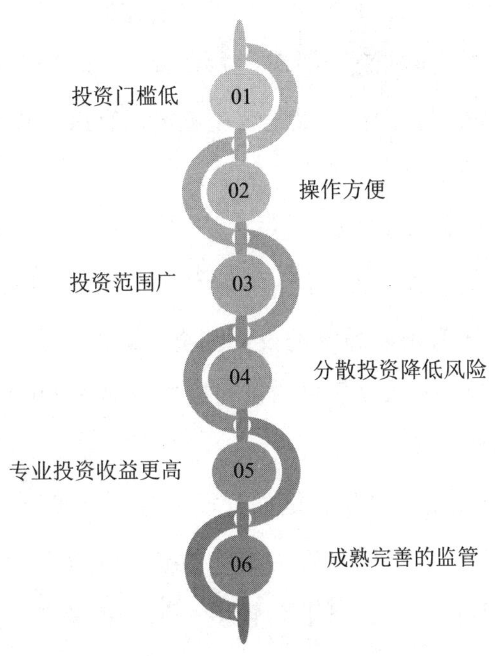

图5-1　基金理财的优势

1. 投资门槛低

很多理财产品都需要较高的投资门槛，比如一些银行理财产品，最少要 5 万元起投。但基金大大降低了投资门槛，如货币基金 1 元起投，而公募基金 100 元起投。对于没有太多资金的投资者来说，基金是最适合开启投资之路的工具。

2. 操作方便

有很多渠道都可以买到基金，如可以通过证券账户购买、通过银行购买、通过基金公司购买等。此外，投资者也可以借助第三方基金销售平台购买基金，例如在微信、支付宝中就可以直接购买基金。通过这些平台购买基金，操作十分方便。

3. 投资范围广泛

基金的可投资范围非常广泛，包括债券型基金、股票型基金、货币基金等，同时，还有很多另类的投资基金，如投资大宗商品的基金等。投资者通过基金这一种投资方式，就可以进行多方面的投资。

4. 分散投资降低风险

基金能够分散投资风险，例如，投资者投资股票型基金，就比自己直接投资股票风险更低。因为如果投资者去买股票，通常只买几只股票。如果其中一只股票下跌较多，那么投资者就很容易出现较大亏损。但是基金往往会持有几十只甚至上百只公司股票，就算其中一两只股票下跌，也只占很少的份额，这样就降低了投资者投资的风险。

5. 专业投资收益更高

投资者投资基金是把资金交给专业的基金经理打理，基金经理是专门做投资的，具有丰富的投资经验，投资也更加稳妥。这比投资者自己去投资更加可靠。

6. 成熟完善的监管

我国对于基金市场有成熟完善的监管制度，有《中华人民共和国证券投资基金法》来规范基金市场。并且，基金公司的成立、基金的发行、信息公示等各个环节都有严格的监管。

基金极具投资优势，但这并不意味着投资者就可以随便购买基金。在投资基金之前，投资者也需要做好准备工作，把想要投资的基金弄清楚再做出决策。

5.2　选对基金，轻松赚钱

虽说基金投资风险低、收益稳定，但众多的基金产品也各有区别，投资者需要追踪某一行业内的强势资金，以便获得更大收益。如何科学合理地选择基金是投资者必须要学习的。

5.2.1　购买前做好功课

做投资就像玩游戏，如果搞不懂游戏规则和结果，那么就很难在游戏中获得胜利。在投资之前，投资者需要提前做好功课，只有了解了基金理财的相关知识，才能谈接下来的攻守策略。投资者需要做好的功课包括以下几个方面。

1. 了解个人资产情况

投资者首先需要了解个人资产情况，分析自己的储蓄和开支等，然后根据自己的财务状况，选择合适的基金产品。在刚开始接触基金产品的时候，投资者最好是用闲钱来进行投资。

2. 了解个人风险偏好

投资者要了解个人风险偏好，明白自己所承受的风险类型，然后再进行风险匹配，以此来进行选择和自己所能够承受的风险相匹配的基金。一般来说，按基金投资的风险偏好进行分类，可将投资者偏好分为低风险、中低风险、中风险、中高风险、高风险五类，如表 5–1 所示。

表5–1　投资者基金投资风险偏好分类

投资者偏好类型	高风险	中高风险	中风险	中低风险	低风险
投资目标	愿意积极参与投资并获得收益	期望获得高于平均值的收益	稳中求收益	希望资金能够保值，抵御通货膨胀	收益高于银行存款利率即可
基金类型	所有基金都可以投资	可选择一些股票基金搭配债券基金等	可选择偏债券的混合型基金	可选择债券型基金、避险策略基金、对冲基金等	可选择货币基金或短期基金理财产品
适合人群	渴望高收益又能承担高风险的投资者	希望通过资产配置，获得高于平均收益的投资者	希望通过长期理财，获得较为稳健的收益	获得一定收益的同时，又能承受一定风险的投资者	不想本金亏损又希望获得一定收益的投资者

3. 选择基金投资的方式

投资者还需要了解并选择基金的投资方式，基金投资方式包括两种：一次性买入和基金定投。

一次性买入即一次性买入一只自己十分看好的基金，这需要投资者有一定的择时能力，既要对自己进行分析选择，又要选择在合适的市场点位买进。基金定投只需投资者选择基金，不需要投资者思考买入时机，在任何时候都可以买入基金。

从上面两种方式来看，多数投资者都会选择定投基金的方式进行基金投资，对于新手投资者而言更是如此。投资者可以先从基金定投开始投资，等到积累了一定的投资经验后，再去尝试其他的投资操作。

4. 了解基金产品

投资者还需要对具体的基金产品有一定的了解，了解基金的基金公司、基金经理、基金规模等。

基金公司是指基金的品牌，投资者要选择成立时间久、品牌知名度高的基金公司，这样公司具有较强的抗风险能力，更能让投资者放心。

基金经理也十分重要，基金经理打理基金的能力直接影响其选择的基金是否优质、是否能够有效规避投资中的风险等。投资者可以依据以下两个方面对基金经理进行评价。

基金经理的从业时间：基金经理的从业时间越长越好，从业时间越长的基金经理投资的经验越丰富，能够选择出更加优质的基金，对于变化无常的市场也具有较强的适应能力。

基金经理的业界口碑：投资者可以从基金经理的业界口碑来判断其是否优秀，如果基金经理在业界的评价比较好，就表明大家都认可这位基金经理，选择这样的投资经理更让人放心。

基金的规模也是投资者需要关注的一个重点，每年都有很多的基金被清盘，一旦买了规模较小的基金，就可能会遇到基金清盘的危险。在挑选基金时，投资者要避开那些规模较小的基金，规模小于 2 亿元的基金尽量不要选。

做好以上 4 个方面的功课后，投资者即可尝试进行基金投资。同时在投资的过程中，投资者要做好两件事。

第一，要定期关注所投资的基金。如每周或每个月关注一次基金的情况，了解基金的规模变化，基金经理和基金的投资策略是否有变化，近期这只基金的业绩如何等。

第二，做好止盈工作。在投资的过程中，可能某段时间会获得较高的收益，这时投资者要给自己设定一个目标，达到多少盈利就必须撤出。这样做能够避免一定的投资风险。

5.2.2 按照基金评级选择基金

基金评级是指基金评级机构会收集相关数据，运用科学的分析方法，根据一定标准对投资者投资基金后需要承担的风险以及预期收益划分基金的等级。基金的评级机构有很多，其在策略上各有不同。如表 5–2 所示。

表5–2　五级基金评级机构

机构	主要评级方式
晨星	晨星的分类方法以分析基金的投资组合为基础，把不同风险收益特征的基金区分开，在风险调整后收益的计算上，风险调整的方法建立在投资者风险偏好的基础上，即对基金月度回报率的下跌风险进行惩罚，其他机构的风险调整后收益算法基本沿用经典的夏普比率的调整方式。从数量上看，晨星 5 个星级基金的数量是不同的，中间多两头少
理柏	理柏采用了 Hurst-holder 指数。其把 H 指数分为三组，大于 0.55 的一组表示过去业绩和未来业绩持续性较好，小于 0.45 的一组表示业绩持续性较差，介于二者之间的一组表示业绩平庸。除了以该指数对基金进行排序外，理柏还计算基金的保本能力，并考虑基金的费用和税收，最后将这几个指标分开排序后计算加权平均值，得到基金的排名，理柏每个星级的数量各占 20%
银河证券	银河证券的评级主要采用两种方式，客观性评价和主观评价。在考察业绩的时候，其考察区间收益、季度平均和月度平均收益，再计算标准分，对标准差也是同样的标准化处理，根据风险评分和收益评分计算风险调整收益得分，从高到低进行排序，五个星级的数量各占 20%
海通证券	海通评级方法只计算四个数值——简单收益、风险调整收益、持股调整收益、契约因素。权重分别占 35%、30%、20%、15%
济安金信	济安金信评级方式较为重视基金产品是否合规与守约的刚性规定，剔除违反法律法规，偏离基金合同约定的产品，评级原则包括类推原则、相关性原则，但最终评价原则为能否为投资者提供长期稳定的投资回报

表 5–2 中的评级方式大致相同，都是先将基金进行分类，再根据具体的各种指标进行打分。一共有五颗星的等级，星级越高越可靠，投资者在挑选基金时，需要寻找权威的评级机构进行审评。

同时，基金评级有一个缺陷，其信用级别更多反映的是基金过去的历史业绩。对于股票型基金来说，在过去一段时间内业绩过好的基金，往往对应的领域也处在红利期，但任何一个领域都很难长期高速增长，当红利过去后，行业可能会走下坡路，该行业内的股票基金净值也会下滑。基金评级可能无法反映这一状况，需要投资者对此引起重视。

5.2.3 如何看基金的业绩表现

在选择基金之前，投资者也需要分析基金的业绩表现，选择基金业绩表现好的基金。基金业绩评价也需要一定的方法和标准，投资者可以参考以下 4 个指标分析基金的业绩，如图 5–2 所示。

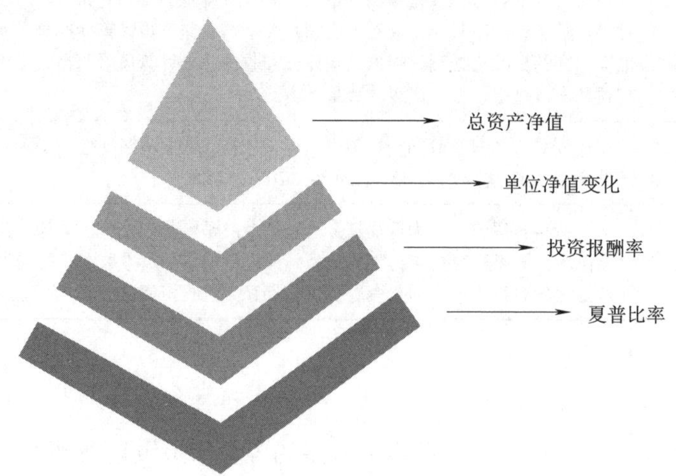

图5–2　分析基金业绩的4个指标

1. 总资产净值

总资产是根据基金组合中现金的总价值、股票、债券等有价证券来计算的，一般以证券交易所公布的当日收盘价为计算标准。如果一只基金的资产净值处于增长状态，那么该基金的业绩较好，可以进行投资；反之，如果一只基金的资产净值处于下跌的状态，那么就有很大的投资风险。

计算公式为：总资产净值 = 总资产 − 总负债

总资产净值由总资产减去总负债得到，资产总额必须减去本基金发放利息和股息时应支付的利息和股息。基金负债主要是指从银行间拆借市场借入的资金、支付给基金公司的管理费以及托管机构的托管费等必要费用。

基金总资产净值的增长来自 3 个方面：投资收益（利息、股息收益和资本增值）、基金份额的增加和费用的减少。其中最重要的是投资收益，如果基金经营状况良好，投资收益高，将会吸引更多的投资者投资基金，使基金的资产净值高于平均水平。

2. 单位净值变化

基金单位净资产值等于基金总资产减去总负债余额除以基金发行单位总数。

计算公式为：基金单位净值 =（总资产 − 总负债）÷ 基金单位

基金资产总值是指基金包含的所有资产；负债总额是指基金在经营

和筹资过程中形成的负债，包括应付给他人的各项费用和应付资本利息等；基金单位总数是指当年发行的基金单位总数。

3. 投资报酬率

投资报酬率是指投资者在拥有基金的一段时间内，基金价值的增长比率。对于投资者来说，投资报酬率越高则说明基金的盈利效果越好，投资者获得的收益越多。

计算公式为：投资报酬率 =（期末净资产总值 − 期初净资产总值）÷ 期初净资产总值 ×100%

相对于开放式基金来说，如果投资者不提取投资所得，而是继续进行下一轮投资，这时基金回报率的公式也略有不同。即

投资报酬率 =（期末净资产总值 − 期初净资产总值 + 利息 + 股利）÷ 期初净资产总值 ×100%

4. 夏普比率

夏普比率的作用是衡量基金的绩效情况。

计算公式为：夏普比率 =（基金净值增长率平均值 − 无风险利率）÷ 基金净值增长率的标准差

其优点在于会综合考虑投资的风险与收益，如果计算结果为正值，说明基金增长率高于风险比率，在这种情况下适合基金投资。数值越大，风险回报率越高。

5.3　购买基金的注意事项

虽说相对于股票而言，基金投资的风险低很多，但其仍然存在风险，因此投资者需要擦亮眼睛，谨慎购买基金。在进行基金投资时，投资者要把握量入为出的原则，不要对高净值过于恐慌，同时基金评级并不是选择基金的唯一标准，投资者也需要考虑其他细节。

5.3.1　量入为出投资基金

虽然基金产品在投资市场中属于风险较低、较为稳健的产品，但是其依旧属于投机范畴，因此势必存在一定风险。规避投资风险最关键的一点就是坚持量入为出的原则，即根据自己的资产划分合适的投资比例，即使投资失败，也不会对生活造成太大影响，只有这样投资者才能够心平气和地进行投资决策。

很多时候投资者投资失败都是因为心态问题，想赢怕输的想法太重，或者在基金理财中投入太多资产，这都会对投资结果造成深刻影响。例如，王先生和赵先生都计划进行基金投资，王先生合理规划了自己的资金，把暂时用不到的闲钱购买基金产品，也能够进行较长时间的投资。同时在投资的过程中，王先生也不在意基金的短期波动，等到投资到期后，王先生获得了一笔稳定的收入。

而赵先生了解到投资基金风险较小，于是将自己的存款全部购买了基金产品，甚至每月收到工资后，也要将其中的一半工资投入基金产品中。由于投入了自己太多的钱，赵先生对市场的变动十分在意，一旦市场中出现风险的苗头，他就立刻撤出资金，等待市场平缓后再入局。长此以往，赵先生不仅身心俱疲，也没有得到预期的投资收益。

投资者在进行基金投资时必须量入为出、量力而行，认清自己的现状，做好资产分配，基金投资同样存在风险，投入过多的钱不仅会增加投资的风险，也会增加投资者的心理负担。量入为出能够让投资者在基金投资的过程中保持平稳的心态，不仅能够降低投资失败对生活的影响，也能够使投资者更客观地分析市场趋势，做出正确的投资决策。

5.3.2 别患净值恐高症

很多投资者在购买基金时总喜欢购买净值低的基金，认为净值低的基金是潜力基金，自己持有的份额可以更多，获得的收益也越多，而净值高的基金赚不到什么钱。这个观点其实并不正确。

在分析这个观点之前，投资者首先要弄明白净值的概念。本质上来说，基金是基金经理收集投资者的钱，替投资者进行资产配置，因此，基金通常表现为一些金融产品的组合。这个组合是以净值来计价的，例如，一只基金规模为 10 亿元，而基金的份额也有 10 个亿，那么这只基金的净值就是 1。假设这只基金有了一定的涨幅，规模由 10 亿元涨到了 12 亿元，而基金份额没有变化，那么净值就从 1 涨到了 1.2，涨幅为 20%。假设基金涨幅达到 200%，那么基金的净值就从 1 变成了 3。

很多人愿意购买低净值的基金，原因是他们认为低净值的基金具有更高的盈利能力，但基金的盈利能力和净值的高低并没有太大关系。例如，基金 A 的净值为 3.7，买入 10 000 元，获得的份额为 2 702.70 份，基金 B 的净值为 1，买入 10 000 元，获得的份额为 10 000 份。假如两只基金同时上涨 10%，那么基金 A 净值为 4.07，总价值为 11 000 元；基金 B 净值为 1.1，总价值也为 11 000 元，基金 A 的收益并不比基金 B 的收益低。

不论是净值高还是净值低，只要基金策略正确，指数上涨，基金净值和投资者的收益也会随之上涨。并且，净值的增长是没有限度的，基金赚钱的本质是其背后的公司赚钱，只要这家公司盈利能力不断提高，其股票价格也会越来越高，而股票所对应的基金净值也会随之增长。

因此，在买入基金时，投资者不应一味地追求低净值，而应分析这只基金未来是否会增值，如果看好这只基金的未来，那么无论现在这只基金的净值多高，都值得买入；如果认为一只基金上涨的可能性不大，即使它现在净值多低，都不值得买入。

为什么有很多投资者都会产生“净值恐高症”呢？原因就是这些投资者将基金投资当成了股票投资，因此恐惧高净值带来的风险，但事实上基金投资与股票投资并不相同。在进行股票投资时，股票价格的上涨和下跌会直接影响投资者的收益，而一只基金中包含几十上百只股票，基金经理会在股票低价时买入、高价时卖出，高价股票的风险也就卖出了，同时卖出股票的现金也会用来继续购买其他低价的股票。在这样的循环中，基金的总资产不断增加，净值也不断上涨，同时基金的风险也在不断卖出，从而能够保证基金的安全性。

因此，基金的净值并不影响投资者的收益。在选择基金的过程中，投资者也不要因为高净值而错过一只未来收入预期良好的基金。

5.3.3 基金评级并不是唯一的投资真理

投资者应如何选择一只基金产品？如何判断一只基金的优劣？很多投资者都认为，基金评级排名越高的基金越值得投资，但这样的观点是十分片面的。

市场上有很多基金评级机构，它们会对基金的历史业绩、投资风险等进行数据分析，为投资者的选择提供依据。很多投资者会盲目相信基金的评级，结果反而会承受巨大的风险，这是为什么？

首先，基金评级机构的评级结果是客观的，其评级的依据主要是基金以往的业绩，但这并不能反映该基金未来的发展前景，可能某只基金以往的业绩非常好，评级也很高，但其发展潜力并不大，这样的基金并不适合长期投资。因此在分析具体的基金时，除了基金评级之外，投资者还要分析基金的行业状况和未来发展前景，以此得出更科学的结论。

其次，投资者需要选择适合自己投资需求的基金。如果投资者偏好低风险产品，那么一个高风险的基金无论收益率多高、基金评级有几颗星，都不是正确的投资选择。

因此，投资者在选择基金时，除了参考基金的评级外，还要分析基金的前景，并从几个基金评级高的基金中挑选最适合自己需求的基金产品，合理地分配资金。

第 6 章
外汇投资：最活跃的投资产品

外汇即外国货币或以外国货币表示的用于国际结算的支付凭证。外汇产品也是投资理财的重要一类产品，包括外汇、黄金、期货等。外汇投资是各类投资中比较安全的一种，因此越来越多的投资者愿意通过这种方式进行投资。在进行外汇投资前，投资者需要了解外汇投资的相关知识和具体操作方法。

6.1　关于外汇投资，都需要了解什么

投资者需要了解必要的投资知识，包括外汇投资的方式、优势、必须遵循的铁律和常见的误区等。了解这些知识是正确认知并进行外汇投资的前提。

6.1.1　外汇投资的方式

外汇投资的方式多种多样，主要包括以下 4 种，如图 6–1 所示。

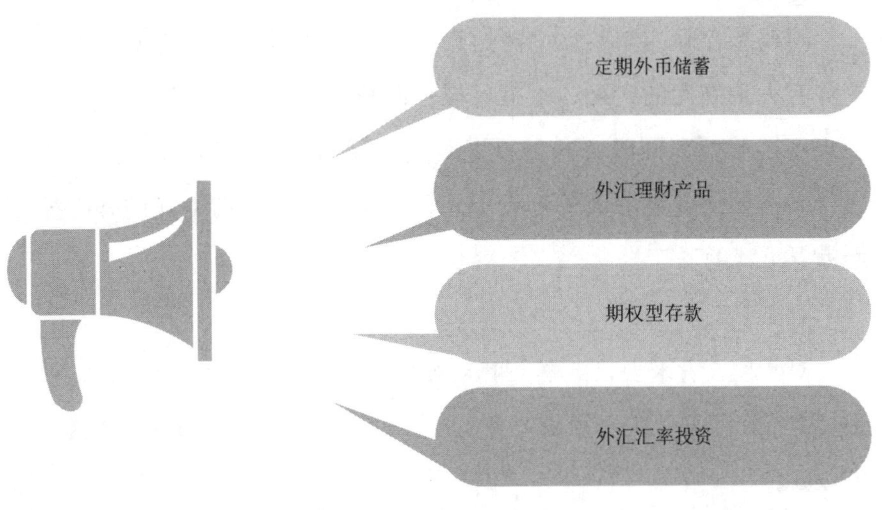

图6–1　外汇投资的方式

1. 定期外币储蓄

定期外币储蓄是目前投资者普遍选择的投资方式，特点是风险低、收益稳定。同时不同的外币储蓄利率不一样，汇率也时刻在变化，所以投资者要根据利率和汇率分析哪种外币具有投资优势。

2. 外汇理财产品

很多外汇理财产品的收益都比较稳定，同时，其投资期限都很短，既能保持较高的收益率，又能保证资金的流动性。许多银行都推出了外汇理财产品，投资者可根据自己的偏好进行选择。

3. 期权型存款

期权型存款的年收益率能达到 10%，如果投资者能够对汇率变化趋势有大致准确的判断，把握好操作时机，就能够在短时间内获得十分理想的收益。同时，这种投资对投资者的专业性具有较高的要求，投资者需要储备足够的外汇投资知识和经验，或者向专业的外汇投资专家寻求帮助。

4. 外汇汇率投资

对于投资者来说，汇率上下波动都能够为其带来收益。目前，很多银行都推出了外汇汇率投资业务，投资者可以根据自己的偏好选择合适的业务。

投资者需要仔细分析以上几种外汇投资方法，比较不同投资方法的风险和收益，制定适合自己的投资方案。

6.1.2　外汇投资优势明显

外汇投资具有明显的特点，这对于投资者的交易和盈利来说都十分有优势，主要表现在以下几个方面。

1. 外汇投资能够实现 24 小时交易

外汇市场的交易从每周一早上 8 点开始，到周六早上 4 点结束，在这期间，投资者可随时进行交易，更适合上班族操作。

2. 市场客观公正，安全透明

外汇市场每天的成交量巨大，有科学的网上交易平台，市场行情和数据公开透明，能够在很大程度上保证交易的安全。

3. 自由方便

外汇投资十分自由方便，只要有一台联网的计算机，不论何时何地，投资者都可以进行外汇交易。对于一些成功的投资者来说，他们甚至会将外汇交易作为终身的职业。

4. 低廉的交易费用

在股票市场上，投资者则必须支付佣金、交易服务费和税金。而外汇市场的电子化交易系统减少了大部分的交易费用，降低了交易支出。

5. 货币组合少，专精度高

股市中的股票有成百上千种，选择一只好股票是一件很难的事情。而在外汇市场中，货币组合的种类并不多，这可以使投资者集中精力认真分析这几种货币组合，掌握不同货币组合的特点。

6. 外汇投资能满足技术型投资者的需求

和股票等其他投资方式相比，货币的走势具有更强的规律性，通过技术分析更容易盈利。同时，大量经济数据会定期公布，便于投资者进行分析和预测。外汇投资更能满足技术型投资者的需求。

7. 外汇市场资金流动性高，容易兑现

外汇市场具有较高的流动性，不论何时何地外汇市场发生变动，投资者都可以第一时间做出反应，同时，外汇即时报价系统可以保证所有的交易都能够完全成交。此外，投资者也可弹性地规划进场或出场的时间。而如果市场的流动性不好，很多时候交易都难以完成，则投资者也难以把握交易的时机。

8. 风险性较低

股市和期货市场在涨停或跌停时就会出现买不到或卖不出的情况，这不仅减少了市场中的投资机会，也容易给投资者造成巨大损失。而在外汇市场中，投资者任何时候都可以进行交易，同时外汇市场不会大涨或大跌，在面对市场的变动时，投资者可以更从容地做出决策。

6.1.3 外汇投资必须遵循的铁律

投身于外汇市场的投资者有很多，但并不是每一位投资者都能够赚到钱。有的投资者会频繁交易，有的投资者在出场时机来临时没有把握时机，这些都给其带来了损失。出现这种情况的根本原因就是这些投资者在外汇投资的过程中没有自己的原则，在进行交易决策时，情绪往往会战胜理智。

要想在外汇投资中获得成功，投资者必须遵循以下铁律。

首先，设置自己的交易原则，避免冲动交易。投资者需要为每场交易制订一个严格的、详细的交易计划，设定好投资目标和入场、出场时机。同时，投资者需要使用技术参数或图表建立交易原则，一旦市场中的数据突破某一参数就立刻进场或离场。

其次，要有自己的判断。外汇市场中的信息纷繁复杂，充斥着各种谣言，投资者不要轻信各种小贴士和所谓的内幕消息，在获得消息后都要去验证真伪。真实的消息都是市场行情所反应的，因此投资者要根据市场变化分析趋势，通过自己的分析得出正确的结论。

最后，生存下来才能够获益。很多投资者在了解了一些投资知识后就匆匆进入外汇市场，总想在市场波动的时候赚一笔却屡战屡败。对于新手投资者来说，外汇投资的首要目的不是获得收益，而是从市场中生存下来。因此在进行外汇投资之初，投资者需要进行大量的小额交易，从中积累经验和教训。

投资者可以随身带一个笔记本，随时记录觉得重要的市场信息，包括价格波动、交易操作、止损单和自己的思考等。这些内容能够帮助投资者分析自己的交易情况。

6.1.4 外汇投资中常见的误区

外汇投资是风险与利润并存的，而有利益的地方就有纷争，因此外汇市场中也充斥着各种谣言。这些谣言可能会使投资者止步不前，或者使投资者做出错误的判断，因此，投资者需要了解并规避外汇投资中的误区。

误区一：可以靠外汇投资一夜暴富。

很多想要投身于外汇市场的投资者都会询问一个问题："外汇投资赚钱吗?"外汇交易市场的交易量巨大，世界各地的投资者都在这个市场上交易，盈利的可能性非常大，但风险也是同时存在的。一些投资者希望通过外汇投资一夜暴富，以此为目标进行盲目投资，但结果往往会损失惨重。因此，在进行外汇投资之前，投资者一定要调整好自己的心态，应追求长远、稳健的利益，而不应存在侥幸心理。

误区二：外汇投资很简单，就是靠运气。

一些投资者在进行外汇投资之前，并没有了解太多的外汇知识，只是跟风进行投资，当这种投资获得盈利时，他们就会觉得外汇投资十分简单，而当在外汇投资中失利时，他们也会把原因归咎于运气不好。但其实，外汇市场是一个稳定的市场，不会因个人意志而改变运行规律。在外汇投资中，虽然需要运气，但更需要的是经验和技术。

要想获得成功，投资者就需要付出大量的时间、精神学习外汇投资的知识和技巧，同时不断总结自己交易的经验和教训。此外，投资者也要承受很多风险和压力。

在实际的投资过程中，投资者应保持冷静，对市场进行理智的分析，确定市场相对稳定的趋势，再进行科学的投资决策。

误区三：必须有很多钱投资。

在没有进入外汇市场之前，一些投资者会认为自己需要拥有大量的资金，才能进行外汇投资，但事实并不是这样，由于在外汇交易中能够进行杠杆交易，因此投资者用很少的资金就可以进行交易。

虽然外汇投资不需要太多的钱，但投资者仍需要衡量自己的财务状况，保证自己投资的资金能够进行自由支配，能够承担得起亏损，这样投资者才能够避免做出情绪化的决策。

目前，个人外汇投资的交易起点金额为：日元 1 000 元，港币 78 元，美元等其他币种为 10 元。交易的起点金额不高，投资者也不能每次都以最低的起点金额进行交易，过低的资金有时意味着投资者缺乏足够的资金或者交易的信心，这时投资者就需要慎重地思考是否要进行投资或通过进一步的学习后再进行投资。

另外，在金额较少时，投资者可能会过度交易或过度使用杠杆，这些都是错误的行为。因此，交易的金额会在一定程度上影响投资者的决策，投资者需要根据自己的财务情况选择一个合理的金额。

误区四：可以始终保持盈利。

外汇市场是一个投资市场，再成功的操作也不可能保证投资者永远成功。投资者不应过于关注每一次交易的成功与否，而应追求一种持续的盈利，如在一个季度中维持盈利，或在一年中维持盈利。只要在一定时期内，投资者能够获得多次盈利，并且盈利完全能够抵充亏损，这就是成功的。

投资充斥着不确定性，虽然投资者追求稳定的盈利，但即使能够保持三年、五年的盈利，也无法确定未来将会如何。再成功的投资者也有失败的交易经历，所以在外汇投资过程中，投资者不仅要有获胜的信心，也要有应对失败的心理准备。

6.2 外汇投资的具体操作方法

在进行外汇投资时，投资者需要掌握科学的、具体的操作方法，这样才能够保证交易操作的正确性，有效规避投资中的风险。

6.2.1 个人如何投资外汇

这几年，外汇成为我国热门的投资项目，外汇投资市场规大、交易透明，投资具有较高的安全性和稳定性。那么对于投资者来说，怎样才能进行外汇投资呢？投资者要做好开户交易和操盘策略两方面的准备。

首先，在开户交易方面，投资者要了解以下内容。

1. 选择投资平台

个人外汇交易最安全的途径是银行，许多银行都有外汇交易的业务，不同银行对于外汇交易的开户要求不同，有的银行需要开设外汇账户，有的银行只需开设借记账户即可。对于外汇投资业务，不同的银行有不同的交易方式和收费标准，投资者需要了解不同银行的具体业务，再从中选择最适合自己投资需求的银行。

2. 购买外汇操作流程

投资者可先下载“某银行 App”，打开软件，注册或登录账号，选择首页的“投资理财”。在投资理财界面找到“结售汇”，结售汇界面会展示出人民币与其他国家或地区货币的汇率情况，投资者可在此进行投资操作，操作之后会有交易确定的提示。同时，首次操作时还需要阅读申请书。

接下来投资者需要选择购买外汇的账户，到达选购外汇的界面时，投资者需要填写详细的内容，其中需要谨慎填写资金用途，选择“储蓄存款”“投资于 B 股之外的外汇理财”等。点击“确认”按钮后即可成功进行外汇交易。

3. 外汇结汇

在外汇结汇时投资者也需要打开银行软件，选择“投资理财”并进入“结售汇”界面，选择外币结汇和需要交易的账户，输入结汇金额并选择资金用途，点击“确认”按钮，交易即可完成。

在开户交易方面，投资者需要注意不要急于开始投资。很多投资者在有了外汇投资的想法后，就急于开设外汇账户并进行外汇交易，这是不正确的。投资者选择外汇投资，目的是获取收益，这是一个循序渐进的过程。投资者要想形成自己的操作策略和体系，就需要加强学习与训练，这时模拟交易就非常有效。投资者通过模拟交易锻炼自己能够稳定获得收益时，即可开设外汇账户进行真实交易。

其次，在操盘策略方面，投资者需要了解必要的操盘技巧，制定科学的操盘策略。

第一，在进行外汇投资时，投资者要学会分析并跟踪趋势。当外汇价格的高点不断创出新高，而低点没有突破之前的高点时，表明外汇处于上升趋势；反之，当外汇价格的低点不断创出新低，而高点没有突破之前的低点时，表明外汇处于下降趋势。高点和低点无规律变化时则属于无趋势。投资者学会分析和预测趋势，依据趋势变化做出决策才能够在交易中获得成功。

第二，投资者也需要观察财经新闻，分析财经新闻对外汇的影响。利率变化、政府大量购入或抛售，甚至经济丑闻等因素，都会影响外汇价格的变动。因此，投资者必须及时了解财务和政府新闻，分析这些新闻报道对外汇市场的影响。当出现大新闻时，投资者能够根据对新闻的分析确定投资方向。

第三，投资者进行投资时，需要谨慎交易，不能仅依靠运气，更不能自以为是。面对复杂的外汇市场，投资者需要时刻关注其变化，适时调整操作策略，规避风险。这时，投资者应善用停损单来进行投资止损，必要的时刻需要立即平仓。

6.2.2　外汇套利操作的方法

什么是外汇套利？外汇套利是指利用外汇汇率不断变动产生的差额赚取盈利，即买入高利率的币种，卖出低利率的币种，由此赚取利息。其中，经常被买入的高利率币种为澳元与欧元，而被卖出的低利率币种多为日元与美元。

市场上的外汇套利主要由银行来进行，这种操作对于专业知识以及投资资金的需求量较高，因此，由银行负责统筹兼顾最为妥当。而银行多用“掉期”的手法进行外汇套利。也就是银行在投资市场上买进一种币种的即期外汇，又卖出同一币种的远期外汇，在同一笔交易中将即期与远期相结合。

除了银行之外，投资者也可以通过外汇套利获得收益，主要方法有以下两种。

1. 三角套利

三角套利即通过三种货币进行套利的方法，其通过三种外汇合理交叉价格的暂时性偏离实现套利。

例如，投资者刘先生在某一时间获得了如下三个报价，这里面就蕴含着套利的机会：

① Yens118/$；

② $1.81/pound；

③ Yens 204/pound。

其中，Yens 表示日元，$ 表示美元，pound 表示英镑。

以下是刘先生的套利步骤。

第一步：观察 JPY/GBP（日元 / 英镑）实际交叉汇率：Yens 204/pound。

第二步：计算 JPY/GBP 合成交叉汇率：$1.81 \times 118 =$ Yens 213.58/pound。

这时刘先生得知实际交叉汇率不等于合成交叉汇率，存在套利的机会。

第三步：刘先生将持有的 204 日元进行了以下交易：

（1）将 204 日元兑换成 1 英镑；

（2）将 1 英镑兑换成 1.81 美元；

（3）将 1.81 美元兑换成 213.38 日元。

这时，刘先生就获得了 $213.38 - 204 = 9.38$ 日元的套利收益。

2. 套息交易

套息交易是指买入高息货币、卖出低息货币，将高息货币存入该国银行，以赚取高于低息货币国家利息的行为。套息交易的方法有两方面：一方面可以将持有的低息货币兑换成高息货币再存入该国银行；另一方面可以向低息货币国借款，将借来的低息货币兑换成高息货币再存入该国银行。

通常而言，外汇套利的机会往往转瞬即逝，一旦机会错过，就会有亏损的危险。因此在发现套利机会时，投资者要及时出手，把握住机会。

6.2.3　如何规避外汇投资风险

外汇投资存在风险，要想获得更多收益，投资者就要尽可能地规避风险。在这方面，投资者需要掌握以下 5 个方法，如图 6–2 所示。

图6–2　规避外汇投资风险的方法

1. 计价货币的选择

外汇风险和计价货币的选择密切相关，由于持有币种的不同，外汇风险也不尽相同。从理论上来说，运用硬货币来出口收汇，运用软货币来进口付汇，这样承受的风险相对较小。其中，硬货币是指在国际金融市场上汇率坚挺、能够作为国际国币支付手段的货币，如美元、英镑等；软货币是指在国际金融市场上汇率疲软的货币，如印度卢比。

2. 避免逆势交易

很多投资者喜欢在汇率大跌时抢占反弹先机，赚取利润。现实很残酷，很多投资者就这样被套住无法脱身。而在实际运作过程中，大跌会持续一段时间，不会很快反弹。因此投资者需要保持良好的心态，等待跌停之后再进行交易也来得及。要避免因判断失误而造成的巨大损失。

3. 设置止损

投资者在进行外汇投资之前，需要制订投资计划，规定投资数额、投资量、风险承受的范围，并在实际操作中根据计划执行。切忌盲目自信，在操作过程中冒进。

4. 避免频繁交易

很多投资者整天盯着市场汇率，频繁进行交易，怕错过了赚取利润的机会。结果会导致上午刚刚获得的收益又在下午赔进去了，不仅劳心劳力，还加大了交易的风险。投资者应适度交易，并且留出时间研究学习，分析行情，判断方向，这样才能有利于下一次的交易成功。

5. 良好的投资心态

无论投资者选择任何方式进行投资，都离不开良好的投资心态。在进行投资之前，投资者需要通过学习知识、训练能力来更好地认识市场；在投资过程中，投资者切忌贪婪与恐惧，贪婪会让投资者从盈利变为亏损，而恐惧会让投资者发挥失常，屡屡出错；在交易结束后，即使交易成功也不要自满；即使交易失败也不要气馁，投资者应正视自己的交易活动，从成功与失败中获得经验和教训，不断提升自己的投资能力。

综上所述，投资者在投资外汇时，可以根据以上 5 个方法规避投资的风险。同时投资者也需要注意，不但要做好投资前的学习与训练，也要保证投资中的稳健与止损。

第 7 章

债券投资：收益固定，长期持有的最佳选择

债券是政府或企业为了获得资金，按照法律规定向大众发行的，承诺在指定时间还本付息的有价证券。由于进行债权投资有较高的安全性、较好的流动性和稳定的收益，因此债权投资也受到了许多投资者的欢迎。在进行债券投资前，投资者要了解债券的基本特征和相关技术指标，同时在投资的过程中也要把控投资的风险。

7.1　债券的基本常识

对于债券投资来说，投资者需要了解和股票、基金等其他投资方式相比，债券有哪些特征和优势，投资债券又有哪些技巧。只有了解了这些基础知识，投资者才能做出科学的决策。

7.1.1　债券的类型

债券是目前一种较为稳健的投资项目，它其实是一张收益凭证，是债券发行方募集资金时开给购买债券的投资者的，到期后发行方凭着收益凭证上约定好的利率支付利息。要想了解债券的收益，投资者首先要了解债券的分类，不同类别的债券有不同的特点，其收益也有高有低。

以发行单位划分，债券可分为国债、企业债和金融债。

1. 国债

国债的发行单位是政府，在三种债券里，国债是最安全、收益最低的债券。国债分为凭证式国债和记账式国债。凭证式国债即有一张实实在在的收益凭证，就像一张存单。这种国债一般在银行柜台上购买。记账式凭证则在交易所上市交易，但这种国债的涨跌幅较小，收益也很低，因此成交量并不多。

虽然国债的收益最为稳妥，但并不意味着它没有风险。首先，凭证式国债具有不可转让的特性，购买了这种国债后，虽然收益固定，但是却没有流动性。一旦投资者急需用钱而提前兑现债券，就会损失大部分的收益。其次，在市场中通胀率逐渐上行的情况下，国债的收益率可能无法抵抗通胀率，这也会造成投资者的损失。

2. 企业债

顾名思义，企业债是企业发行的债券。同时企业债又分为两种：一种是纯粹的企业债，另一种是城投债。纯粹的企业债是营利性企业发行的债券，募集的资金主要用于扩大生产、企业营运等；城投债是非营利性公共服务企业，如水利公司、路桥公司等发行的债券，所募集的资金是用来进行城市建设的。这种债券看起来和国债很像，但是国债背后的担保是国家信用，而城投债背后的担保是商业信用。

企业债的收益一般比国债高，但其风险也增加了。企业债的风险主要表现在以下几个方面。

（1）流动性风险：企业债的流动性与市场对企业的预期及企业未来的发展前景有关，如果投资者购买的企业债不被其他投资者看好，流动性就会较差，这使得投资者很难在短期内卖掉债券，从而会遭受损失或失去新的投资机会。

（2）信用风险：企业债是以企业信用为担保的，如果企业经营不善，无法按时支付利息或归还本金，那么投资者就会遭受信用风险损失。

（3）利率风险：当市场利率上升时，债券的价格就会下降，如果投资者此时正在持有债券，就会遭受损失。同时，当市场利率下降时，债券的价格会升高，这对于投资者来说十分有利，但在这时，企业可能会强制收回此前有回收性条款的高息债券，投资者无法通过债券获得更多收益。

3. 金融债

金融债是指银行或其他金融机构发行的债券，银行或金融机构的信用为其做担保，安全性高于企业的商业信用，低于政府的国家信用。其募集来的资金就是为金融机构服务的。

由于银行等金融机构有雄厚的资金实力，因此其信用度也较高，金融债也具有良好的信誉。金融债具有较高的收益性，同时具有一定的流动性，虽然其不能够提前兑取，但是能够进行转让。此外，在风险方面，金融债同样存在利率风险和流动性风险。

在进行债券投资之前，投资者需要了解以上债券的分类，根据其收益和风险特点选择适合自己的类型。

7.1.2　债券的基本要素

债券的类型多种多样，但无论什么类型的债券，都具有一定基本要素。债券的基本要素包括 5 个方面，如图 7–1 所示。

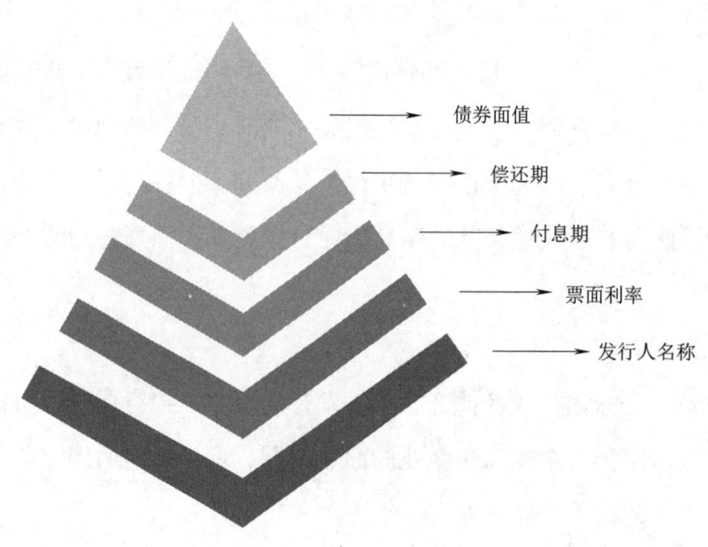

图7–1　债券的基本要素

1. 债券面值

债券面值代表发行债券的票面价值，表明了发行方在特定时期需要归还给投资者的本金数额，也是发行方向投资者按期支付利息的依据。债券的面值与售卖价格并不一定相同，当债券面值高于售卖价格时，属于折价发行；当债券面值低于售卖价格时，属于溢价发行；当两者相等时，属于平价发行。

2. 偿还期

偿还期是指债券上标明的还款期限，即发行日到到期日之间的间隔。一般来说，债券的偿还期越长，利息越高。

3. 付息期

付息期是指企业或政府发行债券后，需要支付给投资者利息的日期，可以是债券到期一次性支付，也可以是半年或一年支付等。如果一次性支付利息，其利息是按单利计算的，而分期支付的债券，其利息是按复利计算的。在通货膨胀等问题下，付息期对于投资者的收益会产生很大影响。

4. 票面利率

票面利率是指债券的应付利息与债券票面价值的比率，是发行方承诺支付报酬的计算标准。利率的确定受银行利率、资本市场供求关系、偿还期限与计算方法的影响。

5. 发行人名称

发行人名称表明了债券的债务主体，为投资者到期获取本金和利息提供依据。

7.1.3　债券的基本特征

和股票、基金等其他理财产品相比，债券有自己的特征，主要表现在以下几个方面，如图 7–2 所示。

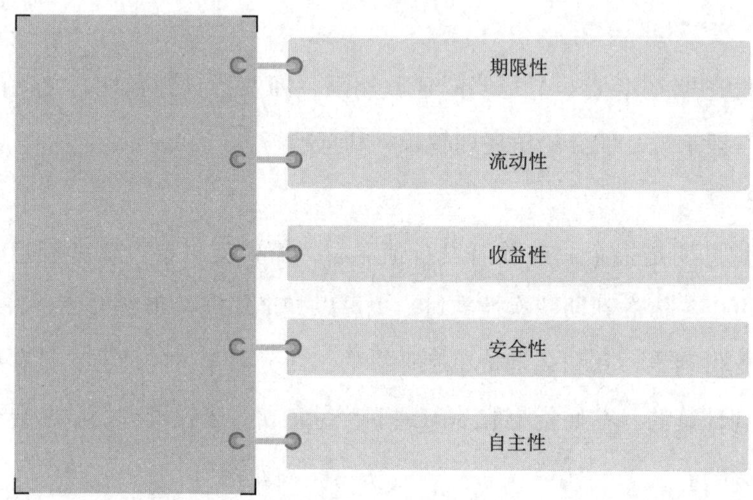

图7-2　债券的基本特征

1. 期限性

债券是一种有约定期限的证券，表明了债权债务关系和确定的还本付息日期。债券到期时，发行方就要按时偿还本金并支付利息。

2. 流动性

流动性是指债券可以在市场上转让流通。债券具有流动性，投资者需要现金时可以随时卖出债券，或到银行通过抵押债券获得借款。

3. 收益性

收益性是指投资者可以定期从发行方那里获得固定的利息，债券的利率也往往高于存款利率。债券的收益与债券的票面利率并不完全相等，这取决于债券的交易价格。

4. 安全性

债券的安全性表现在投资者在债券到期时能够无条件地收回本金。为了保护投资者的利益，发行方都要经过严格的审查，只有信誉度较高的企业或金融机构才能够发行债券。而且发行的债券需要进行担保，当发行方破产清算时，要优先偿还投资者持有的债券。债券的安全性更有保障。

5. 自主性

债券具有自主性，企业发行债券之后，购买债券的投资者只对发行的企业拥有债权，而不能像股票投资一样参与企业的经营管理。企业可自由地运用发行债券筹集的资金，而不像银行筹集资金那样专款专用。

7.1.4　投资债券的基本技巧

债券投资是一门深奥的学问，要想学会如何科学地进行债券投资，就要积累起丰富的知识和经验。同时，投资者还要掌握以下策略和技巧。

1. 购买持有法

购买持有是最简单的债券投资方法，即投资者根据自己的喜好买入债券之后，在持有债券期间不进行任何交易活动，直到债券到期支取本金和利息。这种投资方法虽然十分简单，但优势十分明显。

（1）旱涝保收。这种投资方法带来的收益相对固定，不受市场行情变化的影响，能够规避交易风险。如果投资者所持债券的收益率较高，市场利率也没有发生大变动，那么投资者就可以获得预期的收益。

（2）交易成本低。因为持有债券的过程中不涉及任何交易行为，也不会产生多余的交易手续费。

这种投资方法更适用于市场规模小、流动性差的债券，也十分适合刚刚进入投资市场，对债券投资缺乏经验的投资者。同时，在使用这一方法时，投资者应注意，要根据自己的财务状况选择合适期限的债券。债券期限越长，收益率也会越高，但对投资资金的约束性也越强。因此，投资者在选择债券的期限时要分析自己财务状况的承受力。

2. 梯形投资法

梯形投资法也被称为等期投资法，即每隔一段时间，就在证券市场上认购一批期限相同的债券。例如，赵女士在 2016 年购买了 2016 年发行的 3 年期债券，在 2017 年购买了 2017 年发行的债券，在 2018 年购买了 2018 年发行的债券。这样，在 2019 年，赵女士就可以收到 2016 年发行的 3 年期债券的本金和利息，她就可以用这笔钱购买 2019 年发行的 3 年期的债券。到这时，赵女士持有的三种债券的到期期限分别为 1 年、2 年和 3 年，这样循环下去，赵女士每年都可以收到一笔本金和利息，既能够寻找新的投资机会，又保证了资金的流动性。

3. 三角投资法

三角投资法的技巧在于利用债券的投资期限的差异进行连续投资，然后在到期时收取本息。在投资者有固定的投资目标或消费计划时，可使用这种投资方法。

例如，孙先生预计在 2025 年买房，他在 2019 年买入 2019 年发行的 5 年期债券，在 2021 年买入 2021 年发行的 3 年期债券，并计划在 2022 年买入当年发行的 2 年期债券。那么孙先生买入的这 3 期债券都将在 2024 年到期，他就可以同时支取 3 次投资的本金和利息，为自己的买房计划做准备。

因为接连买入债券的期限是递减的，所以这种投资方法被称为三角投资法。其优势在于能够获得固定的到期收益，并且可以将这笔钱用于特定目的，具有较强的计划性。

7.2　债券投资的价格与收益

在进行债券投资的过程中，投资者需要认识与债券相关的各种指标，并对其进行仔细分析，以便了解债券价格变动对投资带来的影响，同时科学地计算债券的到期收益率。

7.2.1 债券的价格变动

债券投资的收益由债券利息收益和债券买卖差价收益两部分组成，债券的期限和利息是固定的，同时债券的价格和市场利率是不断变动的，因此投资者获得的买卖差价收益并不固定。那么，债券价格受哪些因素影响呢？

1. 供求关系

债券的市场价格与资金和债券供给间的关系有关。在经济发展时，企业会增加在设备及运营等方面的投入，所以企业往往会增加债券的发行，这会使市场的资金趋紧而债券的供给量增加，最终引起债券价格下跌。在经济发展不景气时，企业对资金的需求就会下降，金融机构也会因为贷款减少而出现资金剩余，双方都会减少债券的发放，这会使得市场上的债券供给量减少，最终引起债券价格的上涨。

2. 违约概率

债券违约概率和发行方的信用度有关。发行方的信用度越高，债券违约概率越低；反之亦然。当投资者认为某债券发行方的信用度很低，债券存在较大风险时，就不会选择购买这种债券，债券价格因此下跌。

3. 利率

利率分为两种，一种是债券的票面利率，另一种是市场利率。

首先，票面利率越高，债券的价格也越高。因为票面利率高意味着债券获得的利息高，由此债券价格也会高，二者呈同向变化。

其次，市场利率越高，债券的价格越低。同等条件下，债券的价格和市场利率呈反向变化。债券是固定收益产品，未来的现金流是确定的，即按照票面利率定期支付利息，并在最后一次支付利息时归还本金。对于未来的现金流，若想计算其现在的价格，就要对其进行折现。

以一张面值 100 元的 3 年期债券为例，每年支付一次利息，票面利率为 10%，即每年支付 10 元利息，第 3 次支付时归还本金。未来 3 年的现金流就是 10 元、10 元、110 元（本金加利息）。若想计算现在债券的价格，就要依据现在的市场利率来计算。

当市场利率为 9% 时，债券价格 $=10/(1+9\%)+10/(1+9\%)^2+110/(1+9\%)^3\approx 102.53$ 元；如果市场利率下降为 8%，即下降 1 个百分点，那么债券价格 $=10/(1+8\%)+10/(1+8\%)^2+110/(1+8\%)^3\approx 105.14$ 元。

可见，随着市场利率的下降，债券的价格也在上升，债券价格和市场利率呈反向变化。

投资者需要了解债券价格波动的原因，这样当债券价格产生波动时，投资者能够更好地分析其背后的原因。当证券市场出现大变动时，投资者也可以合理预测债券价格未来的走向。

7.2.2 如何计算到期收益率

在买入债券时，投资者需要计算债券的到期收益率，以此来分析债券值不值得购买。那么，投资者应如何计算到期收益率呢？

一般来说，债券收益率计算公式如下：

债券收益率 =（到期本息和 − 发行价格）/（发行价格 × 偿还期限）×100%。

同时，投资者可能在持有债券的期间转让债券，这时，债券的收益率就分为债券出售者的收益率、债券购买者的收益率、债券持有期间的收益率。计算公式分别如下：

（1）债券出售者的收益率 =（卖出价格 − 发行价格 + 持有期间的利息）/（发行价格 × 持有年限）×100%；

（2）债券购买者的收益率 =（到期本息和 − 买入价格）/（买入价格 × 剩余期限）×100%；

（3）债券持有期间的收益率 =（卖出价格 − 买入价格 + 持有期间的利息）/（买入价格 × 持有年限）×100%。

决定债券收益率的要素有 3 个：利率、期限和购买价格，三者的变动决定了债券收益率的高低。债券给投资者带来的收入有 3 种：按债券利率计算的利息收入；购买价格与偿还价格之间的差益差损；将利息和差益差损再投资获得的收益。这 3 种收入决定了债券的直接收益率、单利最终收益率、复利最终收益率。

7.3　如何把控债券风险

债券投资虽然有较高的安全性，但同样存在风险，面对债券投资中可能遇到的各种风险，投资者应通过各种方法了解风险、识别风险、评估风险，在投资的过程中尽量规避风险。在这方面，投资者要识别债券信用评级，通过正确的方法和渠道购买债券，同时懂得规避一些常见风险。

7.3.1　如何识别债券信用评级

债券信用评级即对某发行方发行的特定债券的按期还本付息的可靠性进行评估，并标示其信用程度的等级。进行债券信用评级的机构有很多，其对信用等级的划分也大致相同。

目前国内公司主体长期信用等级分为 9 级，分别用 AAA、AA、A、BBB、BB、B、CCC、CC 和 C 表示；其中，除 AAA 级，CCC 级（含）以下等级外，每一个信用等级都可用“+”“–”符号表示，表示略高或略低于本等级。

AAA 级：表示发行方具有极高信用，偿还债务的能力极强，受不利经济因素的影响很小，违约风险极低。

AA 级：表示发行方具有很高信用，偿还债务的能力很强，受不利经济因素的影响不大，违约风险很低。

A 级：表示发行方具有较高信用，偿还债务能力较强，容易受不利经济因素的影响，违约风险较低。

BBB 级：表示发行方具有不错的信用，偿还债务能力一般，受不利经济因素影响较大，违约风险一般；这一级别是最低的投资级别。

BB 级：表示发行方的信用质量一般，偿还债务能力较弱，很容易受不利经济因素的影响，违约风险较高。

B 级：高投机性，发行方偿还债务的能力较大程度上依赖于良好的经济环境，违约风险很高。

CCC 级：发行方有可能违约，偿还债务的能力很大程度上依赖于良好的经济环境。

CC 级：违约可能性很高，在破产时可获得的保护较小，很难保证偿还债务。

C 级：破产时不能偿还债务。

通常情况下，当外部条件稳定时，债券的等级越低，投资者面临的风险越大。同时投资者需要注意，债券信用等级的评估只是对于债券风险的预测，并不意味着绝对的风险大，收益无保障。当发行方发展得越来越好时，其信用等级也会不断增长。

7.3.2 个人如何购买债券

在债券市场中，债券项目有很多种类型，如国债、地方债、企业债、可转债等。不同的债券购买方式不同，投资者需要考虑清楚自己适合购买哪种类型的债券再进行投资。同时，购买债券有不同的方式，如图 7–3 所示。

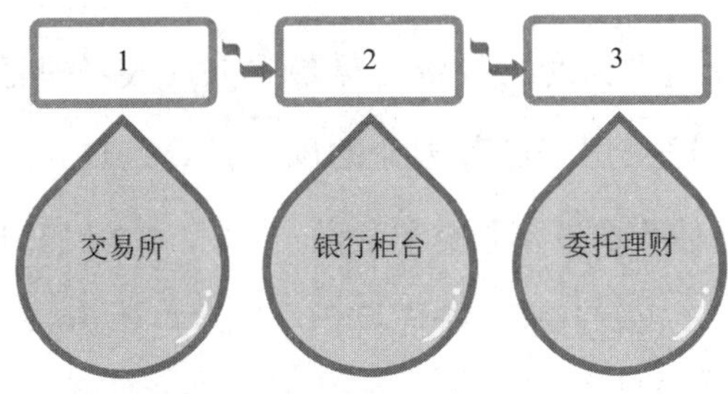

图7–3　购买债券的不同方式

1. 交易所

目前，在交易所中流通的债券种类有记账式国债、企业债、金融债等，投资者只要在证券公司开设债券账户，就可以进行债券交易。与股票交易相比，在交易所进行债券交易的成本非常低，不仅免征印花税，交易佣金也不高。一般来说，债券的交易成本在万分之五以下，约为股票交易成本的 1/10。需要注意的是，除国债外，其他债券都要缴纳 20% 的利息所得税，在完成一笔交易后，交易所在为投资者清算资金账户时会代为扣除利息所得税。

2. 银行柜台

投资者通过银行柜台也可以进行债券投资。目前，银行柜台只提供凭证式国债这一债券品种，并且其不具有流动性，仅向个人投资者发售。投资者在购入后只能自己持有，并在到期时支取本金和利息。不过一些银行有凭证式国债质押贷款业务，使得其具有了一定的流动性。

在购买凭证式国债时，投资者需带本人有效身份证件，到银行柜台办理开户。开通只用于储蓄国债的国债托管账户，不收取开户费和维护费用，且国债收益也不必交利息税。同时，在开通国债托管账户时，投资者还应在同一银行开通一个人民币结算账户作为国债账户的资金账户，用来兑付本金和利息。此外，凭证式国债虽不能上市交易，但可以提前兑取。

3. 委托理财

大多数种类的债券都能在银行间债券市场流通，包括企业债、商业银行金融债和外币债券等。这些债券的收益较高，但个人投资者无法直接进行投资。因此，个人投资者需要委托理财，委托机构投资者代为进行债券投资。

这 3 种购买方式面向债券的交易所市场、银行间市场、柜台市场。其中，交易所市场为场内市场，机构和个人投资者都可以参与进来。银行间市场和柜台市场都为场外市场，银行间市场的交易者只能是机构投资者，而柜台市场集中着大量的个人投资者。

投资者在选择债券种类时需要考虑以下因素。

首先是风险。投资者需要根据自身的经济能力与可承受风险能力，选择满足自身投资要求的债券产品。尽量选择低风险、稳健回报的债券产品。

其次是债券的流动性。凭证式债券的流动性较差，提前兑取也会丧失很多利息，投资者需要合理规划资金的用途，用在短期计划内用不到的资金购买这种债券。

最后是收费方式。债券投资有 3 种不同的收费方式，A 类收费方式是前期收费，适合不知道需要投资多久的投资者；B 类收费方式是后期收费，适合长期债券投资者；C 类收费方式是无申请购买费用但有服务费用，适合短期债券投资者。

投资者掌握以上 3 个要素，能够更好地规避风险，找到投资适合自己的债券产品。

7.3.3　规避债券投资风险

债券投资中会不可避免地存在风险，投资者需要了解债券投资中风险的来源以及不同风险的规避方法，如图 7–4 所示。

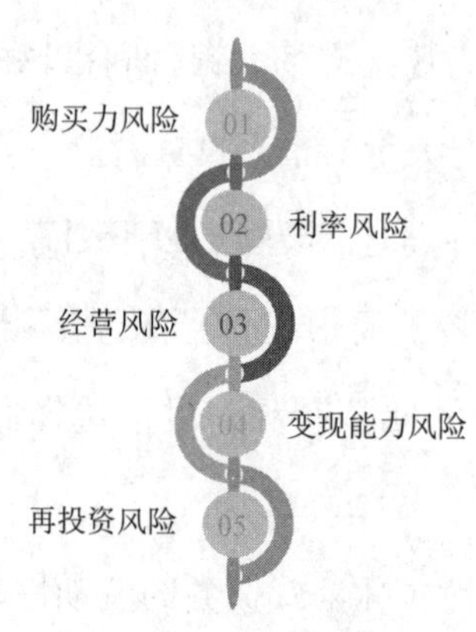

图7–4　债券投资中风险的来源

1. 购买力风险

购买力风险是指因为通货膨胀而导致货币购买力下降的风险，在通货膨胀期间，投资者的实际利率是票面利率减去通货膨胀率。

为了避免这种风险，投资者需要进行分散投资，使购买力下降带来的风险可以被其他投资的收益所弥补。

2. 利率风险

利率是影响债券价格的主要因素。当市场中的利率上升时，债券的价格就会降低，这时投资者也会面临风险。

为了规避这种风险，投资者应合理规划债券的期限，长期与短期相搭配。如果利率上升，投资者可以通过短期投资把握投资机会；如果利率下降，投资者也可以通过长期投资保证收益。

3. 经营风险

经营风险是指债券发行方运营不佳，导致企业资产减少而使投资者遭受损失。

为规避这种风险，在投资之前，投资者需要对债券的发行方进行深入调查，通过对各种报表的分析，了解其运营能力、盈利能力和偿还能力。此外，如果投资者想彻底规避企业经营风险，也可以选择风险极小的国债。

4. 变现能力风险

变现能力风险是指某些时候，投资者无法尽快将债券卖掉而产生的风险。

为规避这种风险，投资者在选择债券产品时，需要选择热门的、在市场中活跃的债券进行投资；投资冷门债券有可能导致在需要变现时无法正常交易。

5. 再投资风险

如果投资者只购买短期债券，而没有购买长期债券，就会产生再投资风险。例如，某长期债券利率为 6%，某短期债券利率为 4%，如果投资者只购买了短期债券，当短期债券到期时，市场上短期债券的利率已经降到了 3%，市场上已经没有很好的短期投资机会。而如果当初将这笔钱用于长期投资，就可以获得 6% 的利息。

针对这种风险，投资者也要制定长短结合的投资策略，抓住市场中的机会进行投资，同时，在市场中没有较好的投资产品时，投资者也可以选择暂时观望。

综上所述，投资者在进行债券投资时，要制定好债券种类与长短期投资的多样化投资策略，以便分散风险。

第 8 章
理财保险：在保障中增值

理财保险是同时具有保险保障功能和投资功能的保险产品，也是一种理财产品，是人寿保险的新险种。对于追求收益同时又追求保障的投资者来说，理财保险是一个不错的投资选择。

在投资理财保险时，投资者要了解理财保险的种类，包括分红型保险、投连型保险、万能型保险、储蓄型保险等，并根据自己的需求选择合适的保险类型。投资理财保险能够防范疾病与灾难，帮助投资者解决财务困难，并实现资金的保值与增值。

8.1 分红型保险：始终在增值的投资

当前，保险市场中的投资理财产品深受投资者的青睐，随着保险业的发展，保险不再局限于保障功能，一些产品也具有了分红功能。投资者购买分红型保险后，就可以享受保险公司的红利分配，享受公司的经营成果。近几年，分红型保险发展较快，投资者对于这一险种的关注度也越来越高。

8.1.1 分红型保险的主要特征

相对于传统的寿险来说，分红型保险有很多新的特征，主要表现在以下几个方面。

第一，分红型保险能够向投资者分享保险公司的经营利润，这个利润按照一定的比例进行分配，在分配之前会有一个定价假设，但实际利润往往高于这种假设。

第二，虽然投资者有获得红利的机会，但分红并不是固定的，分红收益和保险公司的经营状况有直接的联系。投资者能够获得保险公司的分红，也需要承担相应的风险。如果保险公司因经营不善而倒闭，投资者也会遭受损失。这种投资存在一定的风险，投资者在投资这种保险时，需要考虑保险公司的经营能力，选择实力雄厚、信誉度良好的保险公司。

第三，当投资者赎回投资金额时，在退回的保金中，依旧含有相应的红利，这也是投资者获得的最后一份红利。

第四，分红型保险的保费较贵。其属于理财保险，需要较多的投入，且要长时间投入才能获得可观的收益。在这方面，投资者也需要考虑自己的经济承受能力。

8.1.2　如何选择分红方式

分红保险的利润主要来自保险公司人寿保险的“三差收益”，这三种差异分别是利差异、费差异、死差异。将所得利润进行分配的方式主要有两种。

1. 现金红利

每年的会计结算年度后，保险公司会根据本年度的盈利进行测算，决定利润的分配量。保单间的红利分配随保险产品、保单年限等的不同而不同，能够反映出投资者对分红账户的贡献比率。

当然，保险公司是不会将所有的盈利都作为红利进行分配的，而会根据公司的经营状况，在保障下次红利也能平稳运行的情况下，将部分红利进行分配。而未被分配的红利则会留存于公司用于后期红利的分配或者股东权益方面。

这种分配方式体现了不同的投资者享有公平的红利分配原则。

2. 增额红利

增额红利是以增加保单保额的方式分配利润，而投资者将在发生问题、保险期满、退出保险这三种情况发生的时候才会获得分红。它主要由定期增额红利、特殊增额红利、末期红利三个部分组成。

这种方式的红利分配保证了保险公司红利水平的稳健上升，没有大量的现金流出，有利于保险公司的长期资产投资。这在一定程度上增加了投资者的收益，但是得到的利润分红也只能用于增加保单金额，在保单到期时才能获得最终收益。

购买一种分红保险时只能选择一种分红方式，投资者应如何选择？

增额红利的分红方式能够让投资者获得较多的收益，但其红利领取方式并不灵活，只有在投资者遭遇保险事故、期满、退保时才能领取红利。如果投资者不急于将红利变现，那么就可以选择这种方式获得更多的收益和保障。

现金红利的分红方式十分灵活，投资者可以自由选择继续投资或者将红利取出，但是其投资收益率较低。如果投资者对这种投资的未来收益并不看好，只将分红型保险作为一种规避利率风险的方式，那么就可以选择这种方式进行投资。

这两种分红方式各有利弊，投资者应根据自己的需要和接受能力选择合适的方式进行投资。

8.1.3　从投资角度解析分红型保险

相对于其他类型的险种而言，分红型保险的保险费用较高，投资者获得的收益是由保险公司的经营状况决定的。投资者与保险公司共同承担风险，共同分享经营成果。保险公司的红利由“三差收益”而来，当保险公司的实际经营情况优于预测情况时，保险公司的盈利会增加，投资者的收益也会相应增加。反之，当保险公司经营不善时，投资者也可能会无收益甚至产生亏损。

因此，投资者在实际投资分红型保险的时候不能盲目行动，需要考虑以下几个方面的因素后再进行投资，如图 8-1 所示。

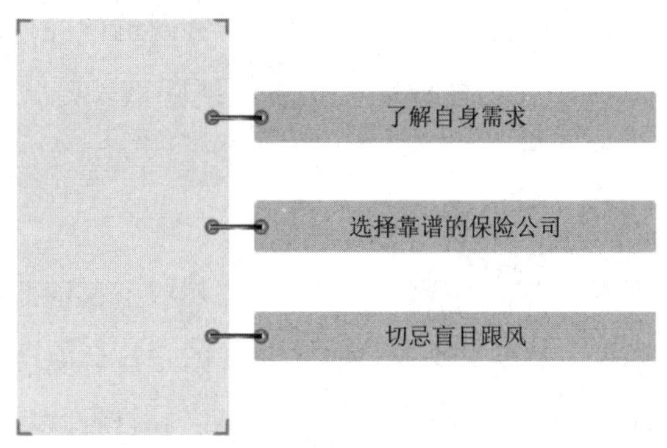

图8-1　分红型保险投资的考虑因素

1. 了解自身需求

由于分红型保险的变现能力较差，投资者只能在到期之时才能拿到资金，若有突发事件发生，投资者就只能通过退保的方式变现，这种方式存在风险，也可能会伤及本金。因为分红型保险的收益并不固定，投资者在购买分红型保险前，要了解自身需求以及抵抗风险的能力，分红型保险比较适合收入相对稳定，且短期之内没有大量资金使用需求的投资者。

2. 选择靠谱的保险公司

和其他类型险种不同，分红型保险的收益是不断变动的，投资者的收益和保险公司的运营状况密切相关。保险企业运营越好，利润越高，投资者获得的分红越多。

因此，在投保之前，投资者需要调查保险公司的综合实力和经营现状。同时，投资者还需要考虑保险产品本身涉及的内容、责任归属、费用水平等。选择一个靠谱的保险公司不但能降低风险，还能不断提升收益。

3. 切忌盲目跟风

很多投资者听说分红型保险能够获得大量收益，因此盲目跟风，这种行为是不正确的。投资者要理智地选择保险产品，明白分红型保险的特点后，只有明确这种保险符合自己的需求，并且自己也能够承担得起投资的风险后，才能够做出投资决策。

综上所述，投资者在投资分红型保险时，需要考虑自身的需求与能力，并且选择实力雄厚、效益好的保险公司进行投资，切忌盲目跟风。

8.2　投连型保险：集保险与投资于一身

投连险就是将保险和投资结合在一起的保险，即在寿险保障的基础上，增加了投资功能，并且，投连险的主要功能是投资功能，具有很高的理财属性，保险公司会将其中大部分的保费用来投资。投资赚来的钱会直接变成投资者的保额，因此投连险也称为“变额终身保险”。在投资投连险之前，投资者要了解投连险的主要特征、寿险与投资的双重功能，并且懂得投连险是如何运作的。

8.2.1　投连型保险的主要特征

当前，理财保险产品受到了很多注重投资保障的投资者的青睐，作为其中的一种理财保险品类，投连型保险也受到了越来越多投资者的关注，其主要有以下特点。

1. 保险功能与投资功能兼顾

投资者在购买投连险时，不但获得了一份寿险保障，也获得了一项投资权益。保险公司会将投资者的保费用于投资，投资者也会因此获得回报。同时，与其保障功能相比，投连险保险更突出的是它的投资功能，保险公司会将投资者投入的大部分保费甚至全部保费用于投资理财。例如，投资者投入了 1 000 元保费，保险公司可能只会将其中的

100 元作为投资者的寿险保障，剩余的 900 元全部用于投资，有一些产品甚至会将投资者投入的 1 000 元全部用于投资。

2. 投资者的利益与投资回报相关

投资者获得的收益与承担的风险都和投资回报率有关。若是投资回报率高，投资者将会得到高额收益；若是投资回报率低，投资者将承担较大风险。需要注意的是，投连险保险的收益并没有保障，没有保底收益率，可能会出现本金亏损的情况，投资风险较高。

3. 投资透明便捷

投连险在投资操作上的透明度较高，投资者可以在网络上查到自己账户的成本、费用、余额，能够保证投资者的权益。透明性能够减少保险公司与投资者之间的信息不对称，便于投资者随时了解账户动态。

4. 综合性的理财工具

投连险为投资者提供了多种投资选择，投资者可以介入货币基金、股票基金、债券基金等，进行多样的投资。投资者可以根据自己的需求选择各种投资方式，既可以将账户设置成保障为主、投资为辅的账户，也可以将账户设置成投资为主、保障为辅的账户。

8.2.2 投连型保险的双重功能

投连险具有保障和投资两种功能，能够在为投资者提供寿险保障的同时为投资者带来收益。

首先是保障功能，投连险的险种保障范围根据不同产品而有所不同，很多时候其除了提供死亡、残疾、大病医疗等保险以外，还会根据需要提供其他服务项目。例如，豁免保险费和可保选择权。

豁免保险费是指投资者在被保险期间由于意外事故或者因患重大疾病基本丧失劳动能力，则可开始免交保险费用，同时保险所保障的内容不会有任何变化。可保选择权是指投资者可以在保单生效之后在规定范围内追加一份或多份保险，且不再需要体检。

其次是投资功能，投连险除了可以保障自身之外，还具有投资的功能。但是其投资回报率具有不确定性，投资收益也不稳定。保险公司将投资者账户营运得好，投资回报率就会较好，而如果保险公司在账户的运营方面出现了失误，投资回报率也会大大降低，甚至会造成投资者的本金亏损。

投连险的投资风险由投资者本人承担，因此，在进行该项投资前，投资者需要明确自身是否能够承受投资带来的风险。同时，在购买保险时，投资者要仔细阅读保险的各项条款，了解各项收费。

8.2.3　投连型保险如何运作

投连险在运作时会开设投资风险不同的几个账户，投资者可根据需求选择不同的投资模式。根据风险程度的不同，投连险会开设三类账户：基金账户、发展账户、保证收益账户。

基金账户的投资策略偏向于激进型，提倡主动投资和提高基金指数，努力获得高于基金投资市场的平均值，使资产得以快速扩张，最终获得较高收益。

发展账户的投资策略偏向于稳健型，通过对于市场行情的判断，在保证资金安全的情况下，调整各个投资的比重，从而使资产能得到稳定的发展。其采用主动投资方式进行基金的投资，比较关注投资公司的背景以及综合能力，希望资产能够长久平稳地发展下去。

保证收益账户的投资策略偏向于保守型，通过分析判断利率，将资产进行合理的分类储蓄，依据其存储比例和存款期限达到利息收入的最大化，保证了资金的安全性与流通性。

三个账户的收益与风险各有不同，投资者需要根据自己的需求合理地进行资金分配。

8.3 储蓄型保险：无忧养老计划

储蓄型保险是保险公司推出的一种兼具储蓄功能和保险功能的保险，常见的有两全寿险、养老金保险、教育金保险等。如果在承保期内不出事，到约定期限后保险公司会返还一笔资金给投资者，与银行的零存整取类似。

储蓄型保险十分适合用来养老，在购买该保险时，投资者应做好投保规划，了解储蓄型保险的特殊条款，并选择最合适的缴费年限。

8.3.1　用储蓄型保险进行养老规划

储蓄型保险融合了储蓄和保险的双重功能，投资者可利用储蓄型保险进行养老。投资者按照保险规定，按期缴纳部分费用给保险公司，保险则为投资者提供保障。在承保期限内，如果投资者遭遇重大疾病，保险公司会给予一笔费用补偿，这笔费用是根据保额不断增长的。当被投资者在投保期限内没有使用到保险，约定到期后保险公司会将保险费用退还给投资者。同时，除了为自己投保外，投资者还可以为家人投保。

储蓄型保险分为三类：储蓄型重疾险、终身寿险、年金险。储蓄型重疾险的投保是为了防止家庭经济支柱身故后，家庭生活没有保障，一般投保至退休时即可。退休之后，投资者就可以选择终身寿险，自己身故后也可以给家人留下一笔财产。而年金险的最大优势就是稳定和复利，长期投资下来能够获得较多收益。

储蓄型保险的收益较为稳定，在同时投资了其他高风险高收益的理财产品后，投资者可以将储蓄型保险作为自己投资的底层配置，保证部分资金的低风险低收益，为整体资产提供保障。同时，投资者可以通过投资储蓄型保险进行养老规划，确保当自己不再工作后，依然能有收入。

虽然储蓄型保险不能给投资者带来大量财富，但是能为投资者提供保障。它的时限较长，十几年到几十年不等，投资者最终获得的保险金额十分适合作为养老资金进行养老。

8.3.2 那些寿险合同特有的条款

储蓄型寿险相较于其他险种较为特殊，它是对投资者的身体健康和生命进行保障的险种，并且保险年限越长，合同条款越复杂。因此，储蓄型寿险有一些特殊的条款，如图 8–2 所示。

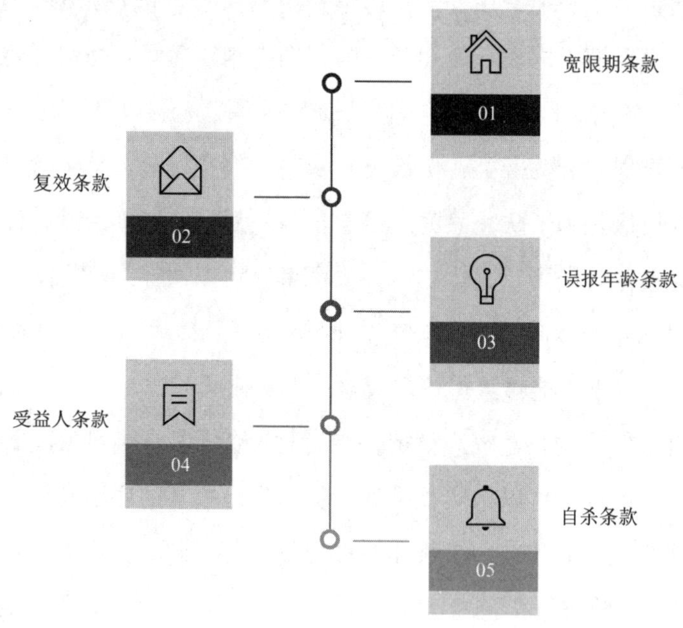

图8–2 储蓄型寿险的特有条款

1. 宽限期条款

在投资者缴纳完第一期保费的基础上，从第二期开始，若是投资者根据某些特殊原因，延误了保险的缴纳时间，在 30 ～ 60 天之内，保险依旧属于生效阶段，投资者依旧受到保险的保障。而在期限内投资者必须尽快缴纳保费，过期未缴费则保单终止。在保障期限之内，投资者出现任何问题，保险公司依旧会赔付，只不过需要扣除其所拖欠的费用。

2. 复效条款

当宽限期已过，投资者依旧没有缴纳所欠费用，保单则处于失效状态。但是和其他的险种有所不同，储蓄型寿险还存在着复效条款，也就是在一定的时间内，投资者可以向保险公司针对失效的寿险保单申请恢复其保障性质。

3. 误报年龄条款

当投保时，如果投资者误报了年龄，储蓄型寿险根据此条款，也会给投资者一次修改年龄的机会。即使在事故发生之后，也可以采取有效的办法进行弥补。

4. 受益人条款

如果投资者没有规定具体的受益人顺序与份额，受益人则会得到相同比例的资金补偿。如果投资者没有规定明确的受益人，则此保险的赔偿会被当作遗产进行分配。

5. 自杀条款

在投保成功的一定期限内，如果出现投资者自杀的情况，保险公司则不会进行赔付，只会退还部分保费。当投保期限达到一定年限后，投资者出现自杀的情况时，保险公司则会根据具体情况赔付保险金。

在签订合同时，投资者需要仔细阅读合同上的各项条款，并重点关注以上特殊条款。

8.3.3 怎样选购储蓄型养老保险

许多投资者都把储蓄型保险加入自己的投资计划，因为其具有的诸多优势能够满足投资者的许多需求。

储蓄型保险与投资者的养老保障需求相符，能够满足投资者对养老的个性化需求，除了储蓄外，他还具有医疗管理、健康护理等其他养老功能。同时，它的回报比较稳定，能够实现资金的积累，为投资者带来收益。此外，这种保险的用途非常明确，能够保证专款专用，防止资金被挪用的风险。

应如何选购储蓄型养老保险？投资者应遵循以下原则。

1. 以产品的安全性为先

购买养老保险的目的在于让自己的晚年生活过得更加稳定、舒心，因此投资者首先需要考虑的就是产品的安全性，能够实现保值才能够实现增值。

2. 附带多重保障

年老以后，投资者面对的风险也会增加。因此在选购储蓄型养老保险时，投资者需要选择相应的附加险保障，避免风险带来的伤害。

3. 保费要量力而行

储蓄型养老保险并非保费越贵，产品就越好。在保费的投入方面投资者要量力而行。

4. 多看多比较

投资者在选购储蓄型养老保险时，一定要货比三家，选择最合适自己的养老保险。

同时，投资者还要注意以下两个要点。

第一，注重领取方式。储蓄型养老险的领取方式有一次性领取和定期领取两种，一次性领取即到了约定时间后，保险公司会一次性支付养老金；定期领取即双方按照规定按月或按年领取养老金。

第二，注重领取时间。领取时间也可以理解为领取年龄，即投资者到了一定年龄或投保期满多少年就可以领取养老金。投资者需要在投保时和保险公司约定好领取时间，选择的领取时间要以自己退休年龄为基础。

8.4 保险理财的基本流程

在投资理财保险时，投资者不仅要选择适合自己的保险品种，也要了解保险运作的基本流程。在签订合同时，投资者要看懂保险合同，了解自己需要承担的风险和能够获得的收益。同时，投资者也需要了解保险公司是如何理赔的，分析其理赔的条款是否符合自己的需求。

8.4.1 了解保险合同中的“大文章”

投资者选择保险进行投资理财，既能保障自身利益，也能够实现资产的保值与升值。但是保险投资也存在风险，投资者需要发现风险并规避风险。保险合同是复杂的，如果读不懂保险合同，就容易使自己置身于风险中。投资者需要了解保险合同所包含的内容，以忽略重点事项，产生隐患与纠纷。

保险合同主要查看下面 5 个方面的内容。

1. 投保范畴

投保范畴重点需要注意的是被承保人的年龄、性别等。不同的险种，在这方面的限制略有不同。

2. 缴费时限

当保险期限和保额一定的情况下，保险费用的缴纳方式、时间限制都有哪些。

3. 保险期限

保险期限决定了这份合同的价值期限，在承保期间，投资者的利益有相应保障，后期是否续约是投资者在保险期限即将结束时需要考虑的问题。

4. 保险金额与费用

在保险条款中，保险的保额与费用需要投资者格外关注，这决定了投资者的收益。

5. 保险责任

保险责任是指在承保期间，保险公司需要承担的责任有哪些。在怎样的条件下，保险公司需要做出怎样的赔付方式。这也是投资者需要重点查看的。

掌握以上几点内容，对于投资者进行保险理财有着至关重要的意义，能够避免投资者因认知误差而投错保的风险。

8.4.2　如何进行保险理赔

不同品类保险的理赔方式不同。

一般来讲，保险理赔程序主要分为三步：出险后及时报案、提交理赔资料、审核通过后领取赔款。

第一步，出险后及时报案。

在发生事故后，投资者可以通过保险公司的电话、微信公众号或当地机构的柜台等实现报案。在报案时，客服或柜台工作人员会告诉投资者所需准备的资料。准备好相关材料是顺利理赔的前提。

第二步，提交理赔资料。

资料的提交方式也多种多样，投资者可以通过保险公司的软件、微信公众号等渠道上传，也可以将材料邮寄给保险公司或直接到当地的分支机构提交理赔资料。

第三步，保险公司审核，领取理赔款。

保险公司收到理赔资料后会进行审核。如果审核通过，保险公司会在 3 ～ 5 个工作日内下发理赔通知，随后会将理赔款打进投资者的账户中。如果审核发现存在资料不齐全，保险公司会让投资者补充资料，如果审核显示不符合理赔条件，保险公司也会及时告知投资者无法理赔。

第 9 章 黄金投资：保值功能强的安全投资选择

长久以来，黄金就是投资者投资的一种重要工具，黄金具有极高的价值，具有很好的保值性，能够很好地规避经济环境带来的影响。很多投资者都热衷于进行黄金投资，但在进行黄金投资前，投资者需要了解黄金投资的种类和优势，懂得如何鉴别黄金，掌握黄金投资的方法并规避投资误区。

9.1 实物黄金投资的种类

实物黄金是很多投资者热衷的投资选择，包括金币、金条、黄金饰品等。不同的种类有不同的特点，投资者需要掌握相关的知识。

9.1.1 金条

投资金条是金条的一种，即由黄金公司制作的纯金含量大于99.99%的金条，可随时进行买卖，交易价格以上海黄金交易所或国际市场中的实时价格为参考。

投资者在投资金条时，要选择知名黄金公司推出的金条，这样在出售时可以避免很多不必要的手续。如果选择不知名黄金公司推出的黄金，那么在交易时，投资者还需要花费鉴定黄金的费用。知名的黄金公司在出售黄金时，会将黄金放入密封小袋中，并贴有封条证明，投资者在不开封的情况下进行交易会更加方便。

对于投资者来说，投资金条具有诸多优势。首先，投资金条不需要任何费用，降低了投资者的成本；其次，金条可以在世界各地流转，流通性较强；再次，金条不会因为经济环境的变化而降低价值，实现了保值和增值的目的。最后，金条在市场上有明确的交易规则，金价也有明确的参考，金条价格与交易都能够实现公开透明。

同时金条投资也存在风险。一方面，金价的上下波动会对投资者造成风险，如果投资者买入金条时金价较高，而想出手金条时金价较低，投资者就会遭受损失，因此投资者必须用闲置资金来进行金条投资，并等到合适的时机再出手。另一方面，金条在保存方式方面有一定的风险，需要投资者重点关注。

9.1.2　金币

金币投资包括两种：一种是纯金币投资；另一种是纪念性金币投资。纯金币的价值和黄金几乎相同，价格随着国际市场的变化而变化，它的外观精美、便于流通，适合集币爱好者进行收藏。

相较于纯金币，纪念性金币的溢价幅度较大，增值潜力也更高，因此其投资、收藏的价值要高于纯金币。其价值由以下三方面因素决定。

首先是发行数量，每款纪念性金币，发行的数量越少，它的收藏价值越高，其增值潜力越大。

其次是发行时间，其发行时间越久远，它的收藏价值越高，其增值潜力越大，最好是在某个值得纪念的特定日期发行的纪念性金币，它的价值会更加不可限量。

最后是品相完整，可能随着时间的流逝，或者保存不当等因素造成了纪念性金币的品相有所缺失。品相越完整的金币，其收藏价值越高，增值潜力也越大。

投资者选择金币进行投资时，首先要了解其专业知识，对于发行数量、时间、纪念意义都要做深入研究；其次，对于金币的品相也要进行专业鉴定；最后，要了解市场行情，选择正规、有保障的机构进行投资交易。

9.1.3 黄金饰品

黄金饰品包括两种：一种黄金饰品是只要含有黄金成分的饰品，不论成色多少都被称为黄金饰品，如奖杯、奖牌、纪念工艺品等；另一种黄金饰品是指成色不低于 58% 的黄金材料。

无论是哪种黄金饰品，其投资价值都不高。很多投资者错误地认为黄金饰品越精致越有投资价值，其实不然。对于黄金饰品而言，其价值在于观赏性。而对于投资黄金来说，其价值在于黄金的含有量。

黄金饰品的售价中包含了人工设计与雕琢的费用，而黄金投资是以纯金含量为最终标准的，与外表的形态是否精美无关。所以，对于黄金饰品，投资者可能在购买时价格昂贵，但是在出售时却以含量来计算，这是很不划算的交易。除非有志同道合的投资者看重黄金饰品的外观形态，愿意高价购买，否则存在贬值的风险。

此外，黄金饰品的流动性不强，检验环节也比较复杂，为规避交易风险，投资者需要选择口碑良好的正规机构进行交易，以便保证交易的公平性和透明性。

9.2　投资实物黄金的优势

许多投资者投资实物黄金都是看中了其投资优势。投资实物黄金能够实现保值增值，抵御市场变动带来的风险，能够有效地对抗通货膨胀。同时，黄金具有很好的变现性，能够在世界各地通行，其价值也得到了广泛的认可。

9.2.1　保值性较强

黄金是稀有的金属资源，其价值得到了广泛认可，是投资界中十分稳健的投资项目。同时其备受欢迎的另一个原因则是其保值性强，不会随着时间与环境的变化而产生价值变动，它的价值永存。

例如，古时流传下来的黄金，到现代依旧可以根据其纯度进行使用，并不存在老化、折旧等问题。由此可见，黄金的保值性较强，它不会因为时间、地域、经济等因素而降低价值，反而会实现增值。

黄金的这种保值性使得其能够很好地对抗通货膨胀。把钱存在银行里，几十年后，银行里的钱可能会由于通货膨胀而贬值，但是无论在怎样的经济环境或政策环境下，黄金都不会降低其实际价值。

同时，黄金市场也十分稳定，不易崩盘。股票市场就有崩盘的危险，一旦市场崩盘，投资者就会血本无归。而黄金属于稀有金属，当前世界开采量已超过黄金储量的一半，黄金供给量也会越来越少，因此总体而言，黄金的价格也会持续上升。

而且，黄金市场也不会被恶意操控，因为它属于全球性的投资市场，没有任何一个国家能有如此高的经济实力操控黄金市场。黄金市场是一个透明的交易市场，投资者的投资能够得到极大的保障。

9.2.2 变现性较强

黄金投资的优势还在于其变现能力较强。古时，人们出行时会携带金子作为盘缠，而到今天，黄金仍然是世界通行的货币。

黄金是全世界都认可的资产，世界各地的人们对黄金的贵重价值都有共识。只要手中有黄金，在世界各地的银行、金行都能够把黄金兑换为货币，能够实现世界范围内的通行。

例如，郑先生在某个国家用黄金兑换了一些货币，用于这段时间内在该国家的消费。但是突然某天，郑先生需要去往另一个国家进行工作，他所到国家无法使用上一个国家的货币，也不支持货币间的兑换，这时郑先生依旧可以使用黄金进行货币的兑换。并且黄金是根据国际金价来确定价值的，不会存在亏损的问题。

黄金是资本市场上的“硬通货”，变现十分方便，不受空间和时间的影响，这也是投资黄金的巨大优势。

9.3　如何鉴别优质黄金

若想进行黄金投资，投资者就需要了解如何鉴别优质黄金，通过黄金的质量判断其价值。同时，在进行黄金投资的过程中，由于黄金价格变动较为平稳，投资者也不适合进行频繁交易，而需要长时间持有，等待交易时机。这时，投资者就需要掌握合理保管黄金的方法，避免不当的保管带来的风险。

9.3.1　黄金的鉴定方法

如何鉴定黄金的真伪和质量？投资者可以通过黄颜色、比重、柔软度、声音、火烧、标记等方法来鉴定黄金。

1. 颜色

查看黄金的颜色能够鉴别黄金的质量，所谓“七青八黄九赤”。一般来说，将黄金在试金石上划一个痕迹，黄金含量越高，颜色越深。若划痕为青色则说明黄金中含有白银成分；若划痕呈深赤黄色则说明黄金含量在 95% 以上，若划痕呈淡黄色则说明黄金含量在 80% ～ 90%，若划痕呈青黄色则说明黄金含量在 60% ～ 70%。试金石由石英和蛋白石等物质混合而成，对于鉴别黄金成色有极高的价值。

2. 比重

黄金的比重值是19.32，重于银、铜、铁、铝。放在手上应有沉坠之感。若投资者感觉手中的黄金没有什么重量，则说明黄金可能是假货。

3. 柔软度

黄金含量越高，黄金就会越柔软，成色极好的黄金甚至可以用指甲划出印痕。但是黄金饰品为了便于雕琢会加入铜元素，增强其硬度。

4. 声音

黄金含量高的黄金，抛出后坠落到地面上时，会发出沉闷的“吧嗒”声，且不会弹起。而黄金含量低的黄金在坠落地面后，会发出“当当”的声音，也会弹起跳动。

5. 火烧

将黄金进行灼烧，若烧后黄金为原色，则黄金含量较高，若烧后黄金显现黑色，则黄金含量较低，且颜色越深，纯度越低。需要注意的是，金币与饰品最好不要通过这种方式鉴别，以免破坏其形态。

6. 标记

纯正的黄金上面都印有“18K”或者“24K”足金的标志，这个标志是根据国际标准制定的。

投资者可以通过以上6种方法鉴别黄金的质量，同时，在方法的选择上，要根据黄金的形态选择合适的鉴别方法。鉴别时最好不要对于黄金造成损伤，以免影响其价值。

9.3.2　黄金的保管方法

很多投资者致力于投资黄金，但是却不了解黄金的保管方法。如果黄金存放不好，不但影响其安全性，还会造成一定的损失。投资者需要掌握必要的黄金储存方式和收藏手法。

1. 储存方式

（1）家中收藏

很多投资者选择将黄金放在家中收藏，既方便照料又能随时检查。

（2）银行存放

投资者也可以将黄金存放到银行中。投资者可以在银行购买黄金，然后选择延期提货，后期可将黄金储蓄，获得相应的利息。但是利息并不高，到期前投资者也不可将黄金取回。但相对来说，黄金放在银行安全系数较高，而且保存方式专业，不用担心损坏。

（3）网络平台

随着网络科技的发展，金融领域也不断向网络平台延伸。很多网络交易平台都增设了黄金存放业务，投资者可以选择在网络平台中存放黄金。

综上所述，投资者可以根据自身的需求，选择合适的黄金储蓄方式。

2. 收藏手法

（1）存放地点的安全性

不论将黄金存放在哪里，投资者都要保证黄金存放的安全性。安全性体现在两个方面：一是隐蔽、私密的环境，避免黄金丢失；二是要将黄金放在相对干燥的环境中，避免黄金氧化，也不要将黄金和其他金属饰品放在一起，容易相互影响。

（2）聚集存放

人的记忆力是有限的，将黄金分散存放很容易导致丢失，因此投资者最好找到一个安全的地方将黄金聚集存放。这样既安全又不容易被遗忘，以免造成损失。

除了掌握以上储存方式和收藏手法外，在存放保管黄金时，投资者也需要将黄金分别包装好，避免外部环境对黄金成色产生影响。

9.4 黄金投资的技巧与误区

在进行黄金投资时，投资者需要了解黄金的投资渠道，掌握必要的黄金投资技巧，同时规避黄金投资的误区。科学合理地进行黄金投资更能降低投资者的损失，提高投资者的收益。

9.4.1 实物黄金的投资渠道

在我国的黄金投资市场上，实物黄金是其中较为活跃的投资产品，许多投资者对于这一产品也十分心动。那么，投资者可以通过哪些渠道进行实物黄金投资？

金店是购买黄金产品的渠道之一，但是这种渠道更偏重的是黄金的收藏价值而非投资价值。黄金首饰是十分实用的产品，买入与卖出的价格相差不大，因此其投资意义并不高。

投资者可以通过银行进行黄金投资，购买金条、金币等产品。例如，中国人民银行推出了熊猫金币，其不仅是金币，也是一种货币形式，价值十分稳定，因此投资风险较小。

同时，投资者也可通过黄金延迟交收业务平台进行黄金投资。黄金延迟交收即投资者按即时价格买卖金条后，延迟至第二个工作日后再进行实物交收的一种交易模式。投资者可以通过平台购买金条，也可以通过延迟交收机制实现低买高卖，借助黄金价格的波动获得收益。

9.4.2　黄金投资的技巧

在进行黄金投资时，投资者需要掌握一定的投资技巧。

首先，投资者要制定恰当的投资比例。这个投资比例是针对投资者的整体投资计划来说的，大部分的理财产品，如股票、基金等，都有较大的风险，而黄金投资不仅可以实现资产保值，还能够实现资产增值。因此投资者需要在自己的资产配置中加入黄金这一产品，将资产的一部分用于投资黄金。

同时，在设置比例时，投资者需要因时制宜，适当增减黄金的投资比例。当金融系统的风险增加时，投资者应增加黄金的投资比例。

其次，投资者要分批买入和卖出。黄金具有长期持有的长线投资特点，投资者在进行黄金交易时，要从长远分析黄金价格的走势，预测黄金价格未来的变化。

分批购买能够使投资者的决策更加科学，在当第一次购买金价上升后，投资者可根据涨幅进行加仓，如果价格反复波动或较大下跌时就需要停止加仓，观察趋势。当金价再次上涨后投资者可持续买进，如果感觉危机已经来临也可以及时出手手中的黄金。分批买入和卖出能够降低资金投入和持有黄金期间的成本，降低投资风险。

最后，买涨不买跌。投资黄金和投资股票、外汇一样，都要坚持买涨不买跌。在金价上升的过程中，无论什么时候买入黄金都是正确的，只要不是金价上升到顶端即将下降的时候，投资者都可以买入黄金。而如果在金价下跌时买入黄金，只有抓住金价下跌到底端即将上涨的那个点，投资者才会获益，其他时候都是亏损的。

投资者需要参考以上投资技巧进行黄金投资。在掌握一定理论的同时，投资者也要根据不同的形势做出科学的判断。

9.4.3　黄金投资有哪些误区

当前，投资者对于黄金投资的热情越来越高，也有一些投资者盲目跟风，最终并没有获得预期的收益，原因是他们走进了黄金投资的误区。黄金投资主要有以下几种误区，这些都是投资者需要规避的。

误区一：偏好纪念型金条

金条是最常见的黄金产品，分为纪念型金条和投资型金条两种。两者制作工艺不同，纪念型金条设计精美、工艺精湛，而投资型金条的工艺较为简单，因此，纪念性金条更受投资者的喜爱。

但是，如果从投资成本的角度来思考，投资型金条比纪念型金条更适合投资。因为金条在销售时会在实时金价的基础上收取一定的加工费，与纪念型金条相比，投资型金条的加工费更低、流通性更强。

误区二：频繁买入卖出

黄金市场中存在这样一种现象，当金价涨幅较高时，许多投资者都会到银行前办理黄金回购业务，期望能够在金价再次上涨时卖出，以此获得收益。这些投资者把黄金当作波段操作的工具，频繁买入卖出，以获得差价收益。这种操作方式是不正确的。

首先，波段操作的成本很高，黄金在卖出时采用加价销售的方式，价格高于黄金市场价格；而进行回购时，则需要按照 3 ～ 10 元 / 克的标准交付手续费。因此，只有金价上涨达到一定的水平时，才能够弥补其中的成本。其次，即便黄金市场整体呈上涨趋势，但也会阶段性地下跌，投资者在进行交易时要认清行情走势是否真的发生了变化。

误区三：黄金越纯越好

在高纯金技术的应用下，黄金市场出现了纯度为 99.999% 的高纯金，又称万足金。不少金店也推出了各种高纯金产品。一些投资者也把高纯金产品作为投资对象。但是，从市场来看，高纯金产品并不是投资的好选择。因为其定价机制并不透明，在市场中的黄金报价系统中，并没有高纯金的报价，投资者也很难判断其价格是否合理。因此，黄金并非越纯越好，流通性强才是王道。

投资者需要了解并规避以上黄金投资的误区，只有保证投资决策的正确性，才能保证投资获得收益。在投资的过程中，投资者也不能人云亦云，要根据自己的经验、知识及对市场的分析，形成自己的观点，并在投资实践中验证这种观点。

第 10 章
艺术品投资：前景开阔的投资市场

艺术品投资是以艺术品为目标，以赚取利润为目的的投资。在进行艺术品投资时，投资者应遵循“开局要准，艺术品要好，价格要对”的原则。

从整体上来看，艺术品投资的挑战性比较大，但收获也很多。例如，通过艺术品投资，投资者不仅可以收获物质回报，还可以收获更高的艺术品位。对于很多投资者来说，这才是艺术品投资最有吸引力的地方。

10.1 如何投资艺术品

要想把艺术品投资做好，投资者绝对不可以盲目。在此之前，投资者应了解常见的艺术品投资类型，以及投资艺术品的优势。对投资者来说，只有不断充实自己，积累足够的知识和实践经验，才可以真正把艺术品投资做好。

10.1.1 常见的艺术品投资类型

在很多人眼中，艺术品投资非常高雅，实际上也的确是这样。艺术品投资的范围非常广泛，主要包括以下几种类型，如图 10−1 所示。

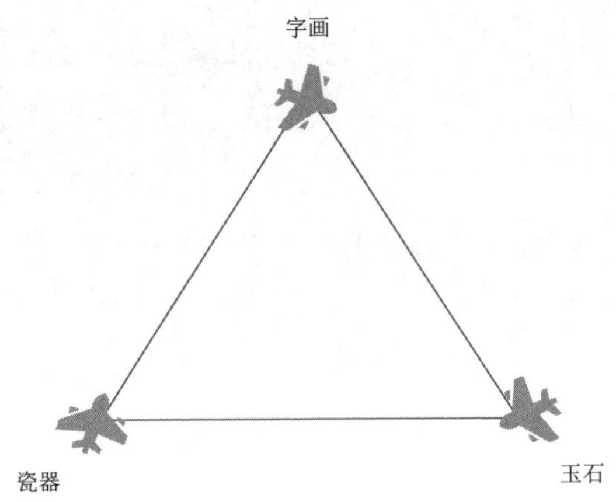

图10−1 艺术品投资类型

1. 字画

字画可以细分为山水画和书法，比较有价值的通常是艺术家的作品。字画可以说是我国的“一枝独秀”，有着非常浓厚的历史底蕴和文化底蕴。现在，齐白石、徐悲鸿、颜真卿等艺术家的字画都很有投资价值，可以创造丰厚的收益。

2. 瓷器

收藏瓷器通常被视为一种兴趣，而不是一种投资。不过，要是以投资的观点来看，投资瓷器其实不失为一种理想的做法。如果你恰巧遇到了年代悠久，而且保存较为完好的瓷器，那一定不要错过，因为这样的瓷器通常有很高的价值。

3. 玉石

玉石是不可再生资源，有很强的稀缺性和唯一性。因此，收藏玉石也是一种投资。精品玉石不仅有很高的欣赏价值，还有增值、保值的功能。不过，市场上有一些玉石商以次充好、以假乱真，所以大家在投资时一定要谨慎，擦亮自己的眼睛。

无论是上述哪种艺术品，投资者都不可以盲目投资，还是要衡量自己的经济实力和兴趣偏好。只有选择适合自己的艺术品，才可以获得丰厚的投资回报。

10.1.2 投资艺术品的优势

现在，人们的生活水平不断提高，鉴赏能力越来越强，比较适合进行艺术品投资。在投资者的驱动下和艺术品市场的助力下，艺术品投资的优势逐渐凸显出来。

第一，回报率比较高，稳拿收益。

艺术品有增值的潜力。从收益上来看，投资艺术品的年回报率通常在 20% 以上。例如，有人在 1980 年用 6 元买了一版猴票，现在把这版猴票转手卖出去可以获得上百万元的收益。

第二，有政策方面的支持。

我国政府支持文化产业的发展，提倡文化产业与互联网产业、金融产业“跨界融合”以寻求突破。这无疑推动了文化产业的发展。可以预见，未来艺术品投资将会出现高潮，受到大家的追捧。

第三，有较强的欣赏性。

艺术品除了可以保值、升值以外，还有较强的欣赏性。通过投资艺术品，投资者不仅可以获得收益，还可以美化自己的生活、陶冶自己的情操。最近，随着装修风格的多样化发展，能带来艺术享受的艺术品受到了越来越多投资者的青睐。

第四，对后代有好处。

过去，富贵家庭都会有自己的传家宝，如今，有经济实力的人也可以将艺术品作为传家宝留给自己的后代。

钱可能会贬值，但是艺术品会增值。无论从文化角度还是从经济角度来看，艺术品投资都是当下的一种兴起之势。近几年，艺术品市场正在迅速壮大，越来越多的人可以接触这种投资。

10.2　各类艺术品应该如何投资

艺术品投资的范围非常广，囊括了多种类型，如山水画、书法、瓷器、玉石等。不同种类的艺术品，通常会有不同的投资方式和技巧。作为投资者，大家有必要了解各类艺术品应该如何投资，这样才可以保障自己的收益。

10.2.1　山水画投资技巧

山水画投资比较复杂，涵盖的层面非常广，需要投资者有一定的知识储备。不过，山水画投资的风险也较低，还可以为投资者带来回报和精神享受。那么，投资者应该如何进行山水画投资呢？需要掌握以下几个技巧。

1. 做好“仿假”工作

山水画的热潮逐渐袭来，成为投资者关注的一个重要领域。也正因如此，现在假冒伪劣的山水画越来越多，而且技艺非常高超，普通人很难分辨出来。因此，投资山水画要做好“仿假”工作，不要让自己上当受骗。

投资者应该从不同时代的绘画风格、画中的服饰与器物、纸绢断代的鉴定、印章字体的分辨等方面进行判断，从而保证自己收藏的是真品。

2. 作品的尺寸不宜过大

山水画通常以尺为单位，如果作品的尺寸非常大，那么购入的价格也比较高。现在，很多艺术家的作品都因为尺寸过大而不能顺利卖出。所以对经济实力比较差的投资者来说，最好收藏扇、册、页之类的小型作品。

3. 选择当代艺术家的作品

目前，古代、近现代的山水画比较稀缺，已成为很多投资者收藏与投资的关注点。投资者最好选择当代艺术家的作品，因为当代艺术家的存世作品较多，也更容易辨别真伪。像石涛、八大山人等清代艺术家的作品，即使是专家也不敢百分百确定就是真迹。

4. 适当接受作品有残缺

很多山水画经过岁月的侵蚀，会有一定的残缺。对于这些残缺，投资者应该保持理性，必要时选择“碎玉”而非“全瓦”。不过，如果一幅山水画的关键的部分有残缺，那么投资者就可以放弃，以免自己遭受损失。

如果掌握了上述技巧，投资者就可以更好地进行山水画投资。张文东非常喜欢山水画，便拜托自己的朋友买了几幅山水画放在办公室中。这样不仅可以装饰办公室的环境，还有利于提升张文东的艺术品位。后来，张文东将这几幅山水画卖给了别人，赚到了 2 倍的差价。没过多久，他又用获得的收益买了更有价值的山水画。

投资者要想真正地做好山水画投资，应该先培养自己在这方面的兴趣，然后再学习系统的知识，了解山水画投资的价值。当然，这是一个循序渐进的过程，需要投资者不断积累，积极实践。

10.2.2　书法投资技巧

投资者选择书法投资在一定程度上也是个人修养的体现。书法投资与山水画投资非常像，在投资技巧方面也有相通之处。不过，在进行书法投资时，投资者还是要掌握有一些独特的技巧，主要有以下几个。

1. 懂得鉴赏书法

无论你是喜欢古代书法还是当代书法，都需要丰富的知识，以及一定的鉴赏能力。我国有悠久的历史，产生的书法作品不计其数。在投资之前，投资者可以了解一些书法史，以便让自己更好地鉴定书法作品的真伪与优劣。

2. 不要做超越自身能力的书法投资

如果你处于书法投资的起步阶段，那一定要小心、谨慎。现在的书法作品价格较高，少则几千元，多则数十万元，甚至上百万元。虽然价格高的书法作品更适合收藏，但并不利于在市场上流通，也不容易转手。因此，对于刚入门的投资者来说，中青年艺术家的作品最适合收藏，这些作品往往价格不高，而且质量很好。

3. 不要买有争议的作品

在书法市场上，假冒伪劣的作品很多，如果投资者因为不细心而买到这样的作品，不仅会损失金钱，还会挫伤个人锐气和胆识。因此，投资者一定不可以大意，在买书法作品时，如果自己在真伪鉴别上能力不够，可以寻求专家的帮助。

4. 不要“四处撒网”

在进行书法投资时，投资者要选择一个门类，如某个时期、某种题材、某个派别、某个艺术家的作品等。只有集中精力了解一个门类，做到心中有数，才会在书法投资上稳操胜券。如果投资者想“四处撒网”，那么必须有丰富的经验和雄厚的经济实力，否则很难成功。

最后需要注意的是，投资者要把握好出让书法作品的时机。出让书法作品是投资者的后续保障，只有将书法作品卖出去，才可以获得收益。在出让书法作品时，投资者应考虑市场状况、行情趋势等因素。

10.2.3　瓷器投资技巧

俗话说，“乱世买黄金，盛世买瓷器”。随着经济的发展，以及社会的稳定，瓷器投资受到了越来越多的关注，吸引了大量的投资者加入其中。然而，要想做好瓷器投资其实并不容易，需要投资者具备文化知识、财富、勇气。

现在，瓷器投资比较流行，市场前景良好，但并非所有的瓷器都有升值的潜力。投资者在投资瓷器时，应该养成精品意识，即选择少、精、异形的瓷器。还有一些古代的瓷器，由于受到民俗、社会传统等因素的影响，投资者可能一时难以认识其真正的价值。实际上，这样的瓷器很可能是有巨大潜力的“绩优股”。举例来说，宋代的湖田窑影青器物、元代的枢府瓷器物等都价格不菲，值得收藏。

此外，一些近现代的瓷器烧制工艺精湛，也有很高的收藏价值，例如，民国时期的精品瓷板、雕塑等。在选择瓷器时，投资者要注意观察以下几个方面：

（1）瓷器是否周正，有无变形的情况；

（2）绘制技巧是否精细、工整、传神；

（3）釉色是否光洁，色度是否一致；

（4）敲击的声音是否清脆、悦耳；

（5）质地是否洁润，有无其他杂色；

（6）是否有砂包、气泡、脱釉等疵点；

（7）外观是否有开裂、斑点、欠釉、着色不均等缺陷。

李彦霖曾经是打工者，后来辞职创业，赚到了不少钱，于是决定开始投资瓷器。他虽然对瓷器一无所知，但非常聪明，也很有耐心。为了通过瓷器投资获得收益，他认真钻研与瓷器相关的知识，还经常去瓷器市场实地考察。

后来，李彦霖看中了一个清代的瓷器，确定了这个瓷器的珍贵之处，并抓住时机购入了这个瓷器。现在，他收藏了很多瓷器，虽然中途也遭受过损失，但还是获得了丰厚的回报，也积累了大量的实践经验。

毋庸置疑，瓷器投资现在非常热门，高回报率更是引得投资者趋之若鹜。有些投资者甚至想依靠一件瓷器“一夜暴富”。但其实，瓷器投资是一项长期投资，如果你手里有比较好的瓷器，不妨先“捂一捂”，等到时机成熟再出让。

10.2.4　玉石投资技巧

玉石属于稀缺资源，而且是不可再生品，有比较高的价值。不过，在某些情况下，玉石投资也存在很大的风险，例如，市面上有太多高仿品。为此，投资者必须丰富自己的知识储备，不断提升自己的判断能力。投资者如果想找到适合购入的好的玉石，可以从原料、创意、雕工等方面入手，如图 10–2 所示。

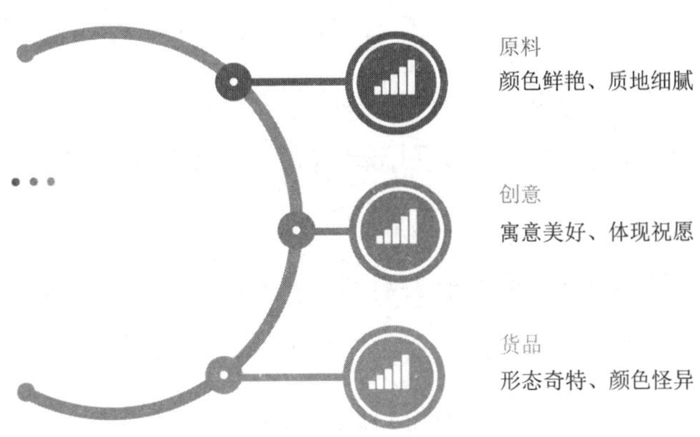

图10–2　玉石投资技巧

1. 原料：颜色鲜艳、质地细腻

原料是评价玉石质量的首要标准。玉石的原料要颜色鲜艳，毕竟它有美化生活、陶冶情操的作用。此外，质地细腻的玉石更有美感，也更稀少、珍贵，投资者应重点关注。如果玉石的原料很有特色，形似某个动物，那就更有收藏价值了。

2. 创意：寓意美好、体现祝愿

在进行玉石投资时，玉石的寓意是否美好、创意是否与众不同非常重要。一个有创意的玉石可能在不经意间就已经打动投资者的心。总的来说，如果遇到雕琢有创意、可以体现美好祝愿的玉石，那么投资者一定不可以错过，要尽快入手。

3. 货品：形态奇特、颜色怪异

在玉石市场上，会有一些形态奇特、颜色怪异的“非正桩”货品。这些货品看似不太“正常”，但升值空间非常大。例如，使用了叶蜡石等雕刻方法的玉石、雕刻题材别出新样的玉石都很受欢迎，能够以较高的价格出手。

现在，很多地方都流行赌石游戏，即选择一块石头进行切割，如果里面是价值不菲的玉石则可以获得很高的收益。对于这样的游戏，投资者还是要量力而行，不要因为盲目跟风而让自己血本无归。在玉石投资中，“一夜暴富”的概率非常低，投资者应该放弃侥幸心理，不要总是想着投机取巧，否则受伤害的只能是自己。

10.3　把握最佳投资时机

只要是投资，就必须把握好时机，艺术品投资当然也不例外。投资者如果可以抓住最佳投资时机，并熟练运用投资技巧，那就能够让自己的艺术品实现保值与升值。当然，抓住最佳投资时机也就意味着将更容易找到有投资价值的艺术品。

10.3.1　投资艺术品要择机、择时

艺术品是比较有代表性的投资工具，受到了很多投资者的追捧。不过，投资者要想通过艺术品投资赚取更丰厚的收益，那就必须抓住时机。必要时，投资者也可以寻求权威机构的帮助，以便解决不必要的问题和麻烦。

从整体上来看，艺术品市场的发展虽然呈上升态势，但也经历了几次较大的波动。在这样的跌跌涨涨中，能够抓住时机的投资者并不是多数。之前，百家讲坛播出了一期名为《水墨齐白石》的节目，让齐白石的作品受到了广泛的关注。

像齐白石这样的知名艺术家地位显赫，受到追捧是意料之中的事情。如今，投资者群体正朝着专业化、理性化的方向发展，艺术家们的

艺术价值也开始真正地显露出来。齐白石等知名艺术家的作品将迅速升值，成为艺术品市场上的中流砥柱。

就现阶段而言，艺术品投资的红利尚未瓜分完毕，当其他的投资者还在观望和徘徊时，如果你有多余的资金，不妨多储备一些书画、瓷器、玉石等艺术品，因为现在已经是投资艺术品的最佳时机。

10.3.2 如何寻找最有投资价值的艺术品

从某种意义上来说，艺术品投资其实是在对文化产业进行投资。纵观艺术品的惊人涨势，不难看出这类投资通常会有比较高的回报。前面已经说过，艺术品投资的范围很广，包括山水画、书法、瓷器、玉石等。面对着如此多的选择，投资者应如何找出最有投资价值的艺术品呢?

首先，投资者要热爱和了解艺术品。

艺术品可以带给投资者精神方面的慰藉。如果投资者选择了艺术品投资，那么就必须热爱和了解它，这样才可以获得利益和精神的双重回报。投资者在进行艺术品投资时应注意，不要让自己陷入“博傻理论”，必须对所投资的艺术品进行深入研究之后再做判断。

其次，投资者要掌握购买艺术品的技巧。

新入行的投资者可以购买新晋艺术家的作品，这些作品通常比较新颖，具有探索性，会受到市场和艺术爱好者的追捧。而且这些作品的性价比很高，升值空间也较大。当然，投资者也可以选择从自己的喜好入手，选择自己感兴趣的艺术品进行购买。

郑卫东的经济实力比较雄厚，经常会购买艺术品。有一次，他发现了一位新晋艺术家，这位艺术家的作品崇尚自由，不仅给人以舒适、轻松之感，也不缺少时尚的元素。于是，郑卫东大量购入了这位艺术家的作品。后来，这位艺术家开了画展，作品的价格水涨船高，郑卫东也借此机会大赚了一笔。

再次，投资者要想方设法在艺术品投资领域站住脚。

与其他投资方式相比，艺术品投资没有太大的区别，同样需要观察市场环境和增值趋势。在刚开始做艺术品投资时，投资者绝对不可以盲目，最好多和专家交流，学习一些有用的知识和技巧，不断加强自己的鉴别能力。当投资者有了鉴别能力以后，就可以挖掘出有升值潜力的艺术品，以及有广阔发展前景的艺术家。

最后，投资者要合理配置自己的钱。

与股票相比，艺术品的升值速度较慢，也有一定的风险。因此，普通的投资者尽量不要把自己的钱全部投在艺术品投资上。此外，在进行艺术品投资时，投资者要不断提高自己的专业素养，牢牢把握艺术品市场的风向，争取更大的回报。

需要注意的是，投资者应摆正自己的心态，擦亮自己的眼睛，以便准确、高效地判断出有价值的艺术品。在艺术品投资方面，投资者如果掌握了这些技巧，那一定可以取得成功，实现自己的致富理想。

进阶理财篇

把控风险，实现“钱生钱”

第 11 章
股权投资：优秀的团队会带来意想不到的收益

股权投资是投资者购买公司股权的行为，通常发生在公开的交易市场上。投资者进行股权投资的原因主要有四个：一是获得股份红利，赚取收益；二是通过资产的增值来获得利润；三是参与公司的经营决策，发现更有价值的商业机会；四是增加可流动资产，进一步调整和优化自己的资产结构。

在进行股权投资时，投资者要把握好重点，包括掌握寻找好项目的技巧；学会对团队进行调查，优化自己的投资决策；选择合适的退出变现通道。把握了这些重点，投资者就可以通过股权投资获得丰厚的回报。

11.1　如何寻找增值空间巨大的好项目

在进行股权投资之前，投资者必须找到增值空间较大的好项目，以便实现资产的保值与增值。那么，投资者应如何寻找增值空间巨大的好项目呢？第一，多参加一些创业类沙龙活动；第二，多浏览黑马会、36氪等公开平台；第三，让朋友推荐。对于这三种方法，投资者可以根据自己的实际情况进行选择。

11.1.1　参加创业类沙龙活动

如今，一些大城市的创业氛围非常好，经常有创业类沙龙活动。如果投资者有比较多的时间和精力，不妨去参加这类活动，有利于快速找到自己心仪的项目。此外，由创业者参与的路演活动也为投资者提供了找到好项目的机会。

根据笔者的经验，与大型的创业类沙龙活动相比，小型的创业类沙龙活动效果更好，但由于其宣传的力度较小，因此很难受到广泛的关注。那么，投资者应如何获取小型的创业类沙龙活动的信息呢？可以使用以下几种渠道。

（1）微博、百度贴吧等社交平台。投资者可以在社交平台上关注一些可能发布项目信息的账号，例如，创投基金、好项目联盟等。

（2）QQ 群、微信群等。这样的渠道虽然比较过时，但效果比较不错。例如，投资者可以加入一些经常发布项目信息的群，定期打开查看一下。

（3）活动发布平台。在一些科技媒体类网站上，通常会有专门的项目区，投资者可以关注一下。

（4）微信公众号。“深圳创业课程表”经常推送深圳当地的创业类沙龙活动，投资者可以关注这类的微信公众号，以便获取自己需要的信息。

（5）人际关系。投资者可以多结交几个喜欢参加创业类沙龙活动的朋友，从他们那里获取有用的信息。当然，如果交情够深，他们也会直接为投资者推荐好项目。

除了上面提到的几种渠道以外，创业者也经常在中关村创业大街聚集，如果投资者运气好，很容易碰到他们，并与他们展开深入交流。不过在去中关村创业大街之前，投资者要知道什么样的项目才是好项目，这是一个非常重要的工作。

项目的好坏可以通过市场竞争程度和用户需求判断。一般来说，参与者少、增长潜力大的市场是蓝海市场。对投资者来说，最应该关注的就是蓝海市场，而且如果后期有大额资金的注入，项目将更容易成功。

此外，一个有价值的项目可以充分满足用户需求。用户是核心，一个抓住了用户痛点的项目才可能拥有更高的投资价值。在这方面，投资者可以判断项目是否有精准的用户群体定位，以及是否解决了实际问题。

总而言之，一个好项目既要有强大的市场，又要有强烈的用户需求。在看到这样的项目以后，投资者一定要尽快出击，将竞争优势牢牢把握在自己手中。

11.1.2　黑马会、36 氪等公开平台

一些缺少经验的投资者可能无法通过创业类沙龙活动和人际关系找到好项目。这时，黑马会、36 氪等公开平台的作用就可以充分发挥出来。这些平台是容易邂逅创业者的地方，但前提是投资者必须做好功课，对需要寻找的项目进行了解。

现在，很多创业者会将自己的项目放到公开平台上，这就为投资者寻找好项目提供了机会。目前，比较优质的公开平台有以下几个，如表 11–1 所示（排名不分前后），投资者可以根据需要自行选择。

表11–1　比较优质的公开平台

序号	公开平台	属性
1	腾讯创业	腾讯旗下的创投领域综合服务平台
2	IT 桔子	创投行业产品数据库及商业信息服务提供商
3	NEXT	36 氪旗下的类 ProductHunt 产品
4	DEMO8	创业邦旗下的新产品分享交流平台

如果有时间，投资者一定要多浏览公开平台，正所谓“谋事在人，成事在天”，只要肯努力，一定可以找到好项目。另外，因为虎嗅、创业邦等媒体的曝光量非常大，很多创业者都会将自己的项目发布在上面。对于想迅速找到好项目的投资者来说，这些媒体非常值得关注。

寻找好项目的方式多种多样，投资者可以多多尝试，也许就会有意想不到的结果。无论是浏览公开平台，还是关注媒体，目的都一样，那就是找到适合自己的项目。一般来说，使用的方式越多，波及的范围越广，找到项目的概率就越大。

11.1.3 朋友间的推荐介绍

无论何时，朋友间的推荐都是寻找项目的最好方法之一。如果朋友愿意将自己看中的项目推荐出去，那就意味着他（她）愿意为项目承担风险。对于投资者来说，这种信任非常珍贵。如果投资者正在寻找项目，不妨将这个信息告诉自己的朋友。这样当朋友遇到好项目时，就可以及时通知投资者。

朋友间的推荐是寻找项目的有效方法。当然，这种方法也非常考验个人魅力和口碑。找朋友推荐项目在早期并不困难，因为他们爱你、信任你，愿意与你分享。朋友虽然不会详细介绍项目的商业模式和发展阶段，但作为投资者，还要知晓一些事情。以下是投资者让朋友推荐项目时需要注意的 4 个要点。

（1）询问项目的进度和取得成果；

（2）不要指望项目一定可以赚到钱；

（3）要与朋友沟通项目的风险，最好可以签署协议；

（4）不要只关注项目的增量价值，而是要进行全方位考量。

总而言之，让朋友推荐项目是比较简单的方法，但切忌把朋友当作唯一的项目来源。在让朋友帮忙的同时，投资者还要通过其他渠道寻找项目。

11.2　团队靠谱，才能成就好项目

投资界有这样一句话："宁可投资一等人，二等项目，也不投资二等人，一等项目。"由此可见，在投资时，一个靠谱的团队究竟有多么重要。在考察团队时，投资者应关注以下三个方面：调查创始人人格、团队成员情况、调查团队成员征信记录。

11.2.1　调查创始人人格

创始人是团队的核心，对项目有深入了解。创始人在很大程度上决定了团队的文化、气氛、工作方式。所以在考察团队时，投资者要重点关注创始人。当然，投资者也并不是要知道创始人的所有事情，而是应

该把重心放在人格调查上。

在调查创始人人格时，投资者应该要求创始人提供一份联系人列表，这些人可以充当推荐人的角色，对创始人的信誉和专业技术水平做担保。如果创始人找不到合适的推荐人，投资者就需要警惕，再多考察一番。

当然，即使创始人找到了推荐人，最后的结果也可能不尽如人意。因为推荐人的赞美可能只是一笔带过，而没有实质性的内容。投资者希望通过推荐人了解创始人的品质和能力，进而预测出项目成功的概率，做出正确的投资决策。

最后需要注意的是，投资者还应该考察创始人有没有负面评价。例如，圈内人对创始人的评价都不太好，认为其“比较难相处”“固执己见，不愿意听取他人的意见”等。那么面对这样的创始人，投资者就要提高警惕，防止自己在未来遭受损失。

当然，在寻找项目的过程中，几乎不太可能遇到十全十美的创始人，投资者应该自己权衡。如果创始人的缺点不会对项目发展以及后续合作产生很大影响，那么投资者就可以适当宽容一些，不要为了一时不满就错过了赚钱的机会。

11.2.2 调查团队成员情况

当项目正处于转折点，而且公司遭遇挑战需要资金时，投资者很难只通过创始人就了解整个团队。因此，为了获得与团队相关的真实信息，投资者还应该调查成员情况。这项工作就像模式识别，每位投资者都有自己的一套标准，但大体上还是有迹可循。下面列举了投资者在调查成员履历时应重点关注的两个方面。

1. 分工情况

几乎所有的团队都会有分工，即将具体的工作安排给每位成员，大家各司其职。成员的分工情况会影响项目的进度和完成效果，投资者需要重点关注。一个适合投资的团队会有合理的分工，每位成员都做不同的工作，负责不同的领域。

张立伟是一位投资者，想寻找一个项目进行投资。在选择项目时，他非常重视团队的分工情况。张立伟不喜欢成员身兼数职的团队，希望每位成员有自己的负责领域。如果哪个团队有明确的分工，他就会对这个团队有好感。这就提醒了广大投资者，在做出决策之前，要先考察团队的分工情况。

2. 各成员的优势特点

成员在很大程度上会影响公司的经营和项目的发展，进而影响投资者的收益。因为成员通常数量较多，而投资者的精力又是有限的，所以这部分内容可以不必太过详细地去了解。投资者可以对成员的综合素质进行考察，看看他们是否对市场、产品有比较高的敏感度，以及是否有足够的学习和研究能力。

除了考察综合素质以外，投资者也可以对成员的某一类特点进行了解。如果成员具有上进、高效、自觉、勇敢、敬业、团结等特点，那么项目的成功率会大大提高。如果成员有统一的价值观和高度的忠诚，那么这个团队也会很优秀。

试想，一个有着极强进化能力、并且价值观统一的忠诚团队怎么会做不好事情、创造不了高收益呢？面对这样的团队，投资者必须牢牢把握住。

为了降低投资决策失误的风险，投资者还应该调查公司的管理目标和组织结构图，以便对团队有清晰、深刻的认识。此外，投资者还要与负责技术、销售、运营等工作的骨干成员进行沟通，在此基础上对团队的互补性和完整性进行考察，增强自己的投资信心。

11.2.3 调查团队成员征信记录

现在，征信的重要性与日俱增，投资者也应该在这方面下些功夫。在投资之前，投资者应该调查成员征信记录，包括信用卡还款情况、债务情况等。然而，根据相关法律规定，投资者其实无权调查他人的征信记录。在这种情况下，投资者可以要求成员主动提交征信报告，如果有必要，还可以要求成员解释征信报告中的异常点。因此，投资者可以让成员提前打印好征信报告，看看团队成员有无不良征信记录。

在调查征信记录时，如果成员不愿意主动提交征信报告，那么投资者需要先获得成员的授权。当获得成员的授权以后，投资者可以向征信机构申请查询成员的征信记录。不过，投资者要拿着成员的身份证原件，以及授权委托公证证明、《个人征信记录查询申请表》等资料去查询，否则会被征信机构拒绝。

对投资者来说，如果遇到了有不良征信记录的团队成员，那么投资者应该谨慎考虑团队合作问题。

在进行征信记录调查时，投资者可以寻求专业的调查机构的帮助。通过专业的调查机构，投资者可以审核与成员关联的不良征信记录，从而减少投资过程中的不安全因素，塑造一个公平、安全的投资环境。

11.3　投资资金如何退出变现

在投资的过程中，如果公司已经处于一个成熟的状态或未来很难有较大发展，那么投资者为了保护自己的利益，减少损失，应尽快退出变现。这是投资的收益阶段，也是投资者收回投资资金进行再循环的途径。

在投资之前，投资者必须先与公司沟通，了解自己可以用什么样的方式退出变现。如今，投资者经常会通过股权上市、股权转让、股权回购、公司清算等方式让自己顺利退出变现。这几种方式各有不同，投资者要仔细斟酌，谨慎选择。

11.3.1 股权上市

对投资者来说，通过股权上市完成退出变现是最理想的状态。这种方式是公司在证券市场向大众发行股票，投资者在此过程中将自己的资本转化为股票，获得收益，实现资本增值。

据美国的一项调查显示，在退出变现的方式上，有 30% 以上的投资者愿意选择股权上市。因为这种方式回报率高，有的甚至可达到 700% 左右。但股权上市也有一定的缺点，例如，上市的门槛比较高，需要有良好的效益和大量的资金积累，一些公司可能无法满足。鉴于此种情形，投资者必须有足够的耐心。

在杠杆机制的影响下，投资者抛售自己持有的股票，往往能够获得丰厚的收益。要想让自己有更高的回报，投资者需要注意两方面的因素：一是发行的股票要日益增值，有足够的上涨空间；二是公司要诚信经营，有良好的业绩。

为了让投资者有更好的退出变现通道，有些公司会选择借壳上市，以顺利获得上市的资格。借壳上市是非上市公司收购业绩较差、筹资能力逐渐弱化的上市公司，并注入自己的资产，最终实现间接上市的一种上市手段。

借壳上市的审核流程较少，甚至不到半年的时间就可以将公司的所有状况审核完毕，让公司成功借壳上市。同时，借壳上市的成本也较低，能够帮助公司节省很大一笔律师费用，也不需要公开公司的各项经营指标。

由于借壳上市的好处众多，很多公司都纷纷选择这种方式。但是如此一来，很可能会导致资本市场出现混乱，借壳资源的价格日益上涨。因此，当投资者遇到想借壳上市的公司时，一定要谨慎判断，看看公司的业务发展和经济实力。

总的来说，股权上市是投资者理想的退出变现通道，可以实现回报的最大化。当公司上市以后，股票可以自由交易，投资者只需将自己的股票卖出即可。不过，大多数公司都不会向投资者保证自己一定能上市。

面对这种情况，投资者如果对项目十分感兴趣，还是可以赌一把。在这个过程中，投资者需要等待，同时也要保证公司遵守相关法规。

11.3.2　股份转让

随着公司的不断发展，需要的资金会更多，在这种情况下，如果投资者不想或没有能力继续投资，那么就可以通过股权转让的方式退出变现。也就是说，投资者可以把自己的股权转让给别人，以此来收回自己的部分或所有资金。然后，投资者可以用收回的资金为其他项目投资，进而实现资金的循环流动。

相关数据显示，股权转让可以为投资者带来 3.5 倍左右的收益，是投资者喜欢的仅次于股权上市的第二种退出变现通道。如果想退出变现，投资者可以直接转让自己的股权。接收股权的对象既可以是境外投资者，也可以是境内投资者。股权转让包括私下协议转让、在区域股权交易中心（四板）公开挂牌转让等。

如果投资者通过股权转让的方式退出变现，基本不会对公司的股权结构有影响。因为公司只是发生了股东变化，其他未转让股权的股东没有任何损失。例如，公司的股权分配比例为 40%、30%、20%、10%，持有 10% 股权的投资者通过股权转让退出变现，那么公司的股权分配比例依然为 40%、30%、20%、10%。只不过不同的是，持有 10% 股份的投资者发生了变化。

在大多数情况下，投资者如果提出想通过股权转让的方式退出变现，公司都不会拒绝。但需要注意的是，股权转让面临着复杂的内部决策以及烦琐的法律程序，这些都是投资者可能会遭遇的风险。如果因为这些风险而没有把股权转让出去，那么投资者将无法顺利退出变现。因此，对于这些风险，投资者还是要谨慎识别并防范。

11.3.3　股权回购

股权回购，是指投资者可以通过股东或者管理层回购股权的方式退出变现。回购价格的计算方式有以下两种。

（1）按照投资者持有的股权比例计算回购价格。具体数值为待回购股权对应的投资款加上投资者完成投资义务之日起每年的回报（以复利率 8% 计算），再加上每年累积的、投资者应获得的所有未分配利润。

（2）由投资者和持有公司 50% 投票权的股东共同认可的独立第三方评估机构决定回购价格，这个回购价格要符合市场标准。此外，如果经过协商，取得了投资者的认可，那么回购价格还可以根据利润分配、资本重组和其他类似情况进行调整。

作为投资者的退出变现通道，股权回购的本质其实也是一种股权转让，只是与股权转让的主体不一样。如果公司的发展潜力好，股东或管理层有信心通过回购股权对公司实现更好地管理和控制，那么就可以从投资者手里回购股权，这种回购属于积极回购；如果公司发展不顺利，触发回购条款，投资者可以主动要求股东或管理层回购股权，这种回购属于消极回购。

通常来说，股权回购是一个并不理想的退出变现通道，只可以保证当公司发展不好时，投资者所投的资金能安全拿回。在投资之前，投资者应该充分了解公司的退出变现机制。此外，关于股权回购的方式，投资者也应该提前和公司约定好。

如此一来，当投资者想退出变现时，就可以要求公司，按照当时的估值对自己手里的股权进行回购，回购价格可以根据当时的估值进行适当溢价。有些公司为了防止投资者中途退出变现，会在股东协议中设定高额的违约金。面对这种情况，投资者要审核股东协议，确保违约金公平、公正。

相对于股权上市和股权转让来说，股权回购并不能让投资者获得很丰厚的收益，但可以让投资者和公司实现双赢。因此，这个退出变现通道发展得十分迅速，已经受到了很多投资者的青睐，成为一个非常流行的备用选择。

11.3.4 公司清算

如果项目失败，投资者往往会选择清算的方式退出变现，以尽可能多地收回剩余资本。清算主要分为破产清算和解散清算。破产清算是公司不能按时偿还债务，在宣告破产以后由人民法院按照规定对公司进行清算；解散清算是由人民法院依照相应的法律程序对公司进行解散。一旦进入清算程序，也就代表公司生命的结束。

清算是公司的一项止损措施。不过，并不是所有的公司都会进行清算，因为申请清算是有成本的，需要经过复杂的法律程序。如果项目失败，但公司没有其他债务或只有少量债务，并且债权人不予追究，那么公司通常不会申请清算，而是会采用其他的方法继续经营，并通过协商等方式决定剩余资本的分配。此时，投资者要尽力为自己争取更多的利益。

一般来说，投资者会通过投资协议条款中的优先清算权来确保当公司发生清算时自己的利益不受损失。对于投资者来说，通过清算的方式退出变现往往是“不得已而为之”，虽然可以收回部分资本，但意味着项目已经亏损，投资回报率为负数。

从另一个角度来看，如果公司真的必须进行清算，那么投资者也应该欣然接受。在这个过程中，投资者虽然得到的是负收益，但至少还可以收回一些资本，是在投资失败时将自己的损失降到最低的一种比较不错的做法。

第 12 章
家庭信托：最省税的财产传承模式

在所有的投资理财方式中，家庭信托比较独特，有自己的优势。举例来说，家庭信托可以将投资者的资产与身份分离，一旦出现突发情况，还可以为投资者保住财产。不过，家庭信托也涉及税务、风险、制订计划等问题，这些问题需要投资者了解并妥善解决。

12.1　关于家庭信托的基本常识

目前，家庭信托也称得上是热门话题。从内涵上来看，家庭信托以服务为根本、以诚信为基础、以委托人（投资者）、受托人（信托公司的）、受益人为结构。因为不同地区有不同的文化和习惯，所以家庭信托需要考量并尊重现实的人性与情感因素。

一旦选择了家庭信托，投资者就必须将自己的财产转移给信托公司，再由信托公司按照投资者的意愿将财产根据约定分配给各位受益人，以此来保障财富的增值、保值。

12.1.1　家庭信托的特点

在英、美等发达国家，家庭信托的运用已经十分普遍，例如，洛克菲勒、卡内基、杜邦、肯尼迪等知名人士都在通过这种方式对自己的财产进行管理。家庭信托具有以下几个比较突出的特点。

1. 为财产传承提供保障

在使用家庭信托以后，投资者的财产不再与其有很大关系。也就是说，家庭信托可以将投资者的财产与身份分离，即使在投资者自身出现任何情况变化时，财产也可以顺利延续，不受外界因素的影响和干扰。在美国，家庭信托十分受欢迎。

IBM创始人曾经以自己的孙辈为受益人设立了一笔数百万美元的家庭信托基金。在家庭信托基金的保障下，当他的孙辈年满35岁时，就可以随意支配这笔钱。

2007年，康拉德·希尔顿把希尔顿酒店转让给了百仕通集团，并宣布将自己手中的23亿美元捐赠给慈善机构希尔顿基金会。但这也没有太影响他的后代的生活。因为康拉德·希尔顿为后代设立了家庭信托基金，以确保他们可以衣食无忧。

2. 可以将财产隔离起来

《中华人民共和国信托法》（以下简称《信托法》）第十六条规定："信托财产与属于受托人所有的财产（以下简称固有财产）相区别，不得归入受托人的固有财产或者成为固有财产的一部分。受托人死亡或者依法解散、被依法撤销、被宣告破产而终止，信托财产不属于其遗产或者清算财产。"

此外，《信托法》第十七条规定："除因下列情形之一外，对信托财产不得强制执行：（一）设立信托前债权人已对该信托财产享有优先受偿的权利，并依法行使该权利的；（二）受托人处理信托事务所产生债务，债权人要求清偿该债务的；（三）信托财产本身应担负的税款；（四）法律规定的其他情形。"

由上述规定可知，信托财产是独立存在的，与受托人的其他财产隔离。因此，受托人的任何变故都不会对信托财产的存在产生影响。此外，在家庭信托的保障下，除了受益人以外的其他人无法通过法庭判决争夺遗产，进而避免了很多不必要的法律纠纷。

3. 可以对后辈形成约束

很多投资者自身非常优秀，但后辈没有很强的能力。因此，为了让后辈可以生活得更好，投资者可以通过家庭信托打理自己的财产。不过，为了防止家庭信托基金让受益人养成挥霍无度的不良习惯，投资者可以专门设置防挥霍条款，对受益人的行为进行限制。

在设计家庭信托协议时，投资者还可以根据自己对后辈的期望制定拨放财产的条件，例如，所拨放财产只需维持后辈过中产生活，或只能用于医疗、教育等支出。

4. 具有一定的复合性

家庭信托不仅包括财产管理，如股权和不动产管理，还包括事务管理，如子女教育、家庭文化传承等。从英、美等发达国家的情况来看，事务管理是设立家庭信托的一个重要原因。不过，在我国，在设立家庭信托时，投资者更关注财产的保值、增值，也更看重信托机构的投资管理运作能力。

根据家庭信托呈现的特点，无论是营业性的信托机构，还是律师事务所，或民事信托机构，都必须能够提供完善的、综合性的、优质的服务。投资者也应该擦亮双眼，选择合适的信托机构。

12.1.2 家庭信托的优势

目前，通过家庭信托做投资理财的人虽然并不是很多，但依然没有影响其在市面上的受欢迎程度。这主要是因为，家庭信托确实有独特的优势，主要包括以下几点。

1. 私密保障

根据相关规定，非婚生的子女也可以享受财产的继承权。在这种情况下，一旦他们和其他子女没有在分割财产方面达成一致，那就会引发法律纠纷。如果设立了家庭信托，那么预立遗嘱，以及遗嘱认证程序的私密性就可以得到充分保障。

可见，与保险相似，对于一些非常重要的，涉及隐私的信息，家庭信托也会对委托人以外的人高度保密。

2. 兼具社会效益和慈善效益

现在，很多企业家都愿意把自己的财产捐赠出去，为社会做更大的贡献。那么，如何才可以让这些企业家的财产实现效益最大化呢？家庭信托就是一个非常不错的选择。

企业家可以将某类人群设立为家庭信托基金的受益人。这样不仅可以实现家庭信托基金的保值、增值，还可为这类人群提供持久的帮助。作为一个投资理财的方式，家庭信托可以在实现社会效益的同时，促进我国慈善事业的发展和进步。

3. 财产投向随意、灵活

家庭信托可以横跨货币市场、资本市场、产业市场，并基于这三个市场进行组合式的投资理财。随着投资者对财产管理的需求越来越多样化，家庭信托也发生了相应的改变。

如今，很多信托机构都推出了“个性化定制”投资理财组合，这对于投资者实现财产的保值、增值具有非常重要的意义。与此同时，家庭信托基金也可以用于银行存款、基础设施项目投资、有价证券投资、发放贷款、融资租赁、实业投资等多个方面。

总而言之，家庭信托的设立有利于财产的保值、增值。现在，虽然家庭信托在我国还没有十分普及，但具有一定的优势。在这些优势的助力下，家庭信托的发展将越来越好。

12.1.3　信托公司的运作方式

要了解信托公司的运作方式，首先必须了解信托公司的业务。对此，《信托投资公司管理办法》（以下简称《办法》）第十六条规定：“信托公司可以申请经营下列部分或者全部本外币业务：

（一）资金信托；

（二）动产信托；

（三）不动产信托；

（四）有价证券信托；

（五）其他财产或财产权信托；

（六）作为投资基金或者基金管理公司的发起人从事投资基金业务；

（七）经营企业资产的重组、购并及项目融资、公司理财、财务顾问等业务；

（八）受托经营国务院有关部门批准的证券承销业务；

（九）办理居间、咨询、资信调查等业务；

（十）代保管及保管箱业务；

（十一）法律法规规定或中国银行业监督管理委员会批准的其他业务。”

《办法》第 17 条还规定：“信托公司可以根据《中华人民共和国信托法》等法律法规的有关规定开展公益信托活动。”

由上述规定可知，信托公司的业务比较多，涉及面也非常广。如果将信托公司的业务进行整合，大致可以分为主动管理型业务和事务管理型业务两种。这两种业务各有各的特征。

主动管理型业务主要包括融资业务和投资业务；事务管理型业务则是处理一些日常事务，具体实行的投资由委托人自行负责。此外，典型标资产也是信托公司的业务，主要委托人为公司或机构。

作为投资的一方，委托人投的通常是贷款、上市股权及债务证券、基金股权、证券投资基金、资产管理计划、有限合伙权益、信托计划及货币资产等。作为接受投资的一方，信托公司需要做的是对资产、交易对手、项目具体内容等进行调查，核实其是否合法。

在家庭信托中，委托人、信托公司无疑发挥着重要的作用。但受益人、离岸控股公司、保护人、监察人、投资顾问等角色也不可以忽视。家庭信托的完整框架如图 12-1 所示。

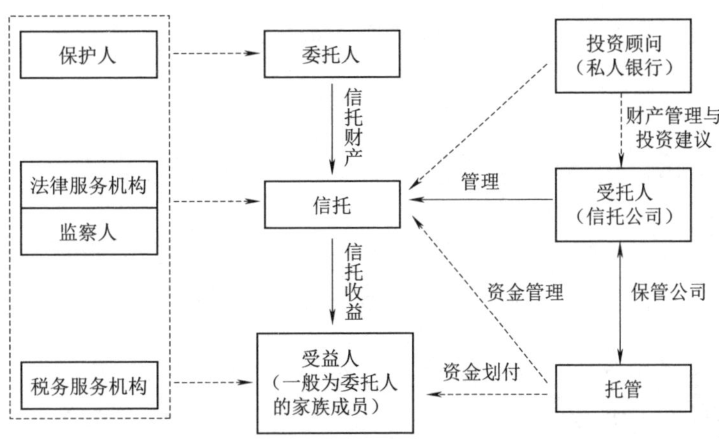

图12-1　家庭信托的完整框架

家庭信托强调“卖者（信托公司）尽责、买者（委托人 / 投资者）自负”的原则。对于信托公司来说，最重要的事情就是按照委托人的意愿帮助其管理和分配财产，切实履行受托人的职责。在这个过程中，委托人也能够以经济实惠的方式将自己的财产传承给受益人，并实现财产的增值、保值。

12.2　制订一个完备的家庭信托计划

家庭信托可以帮助投资者进行财务规划，实现财富传承，因此受到了广泛的支持和认可。为了让家庭信托发挥更大的作用，必须有完备的计划，包括集合资金信托计划、婚姻家庭信托计划、信托税务规划、家庭信托风险规避等。

12.2.1　集合资金信托计划

集合资金信托发展到今天，已经细化为很多种类型。例如，按照资金的运用方向，集合资金信托可分为以下 6 种类型。

（1）证券投资信托，是将资金运用于证券市场的信托，通常可以分为股票投资信托、债券投资信托等。

（2）组合投资信托，是将债券、股票、基金、贷款、实业投资等金融工具进行组合的信托，其目的是帮助投资者实现资产的保值、增值。

（3）房地产投资信托，是将资金运用于房地产投资、房地产抵押贷款的信托。通过这种信托，投资者可以以较少的资金获得丰厚的利益。

（4）基础建设投资信托，是将资金运用于基础设施项目的信托，受到政府的支持和保护。

（5）贷款信托，是将投资者的资金按照集合资金信托计划中的对象、用途、期限、利率、金额等发放贷款，并负责到期收回贷款本息的信托。

（6）风险投资信托，是将资金运用于高科技产业，以追求长期收益为目的的信托。

集合资金信托通常需要信托公司将两个或两个以上投资者交付的资金集合在一起，对这些资金进行管理、运用或处分。集合资金信托是一种自益信托，主要有以下 4 个特点。

（1）集合资金信托的资金是多个投资者个人财产的集合。既然存在多个投资者，相应地也就存在多个受益人。

（2）集合资金信托属于明示信托的一种，适用规定与一般信托类似。此外，集合资金信托产品是信托公司制造的，信托公司在其中起主导作用。根据项目的不同，集合资金信托产品的交易结构通常也不同。集合资金信托的运行方式会受到信托公司的影响。

（3）集合资金信托的投资者以自然人为主。对于单个投资者，集合资金信托虽然有一定的条件要求，但仍然具有很强的吸引力。

（4）在交易结构上，集合资金信托会根据受益权进行分级，以保障投资者应有的权益。需要注意的是，在股权或证券投资类的信托产品中，受益权主要体现在信用等级上。

为了让集合资金信托的收益更高，投资者需要一份科学、合理的计划。在制订集合资金信托计划时，应遵循以下 4 个原则。

（1）充分保护投资者的利益。基于这个原则，在制订集合资金信托计划时，要符合两方面的要求。第一，做组合投资制度；第二，设置赔偿准备金。假设信托公司违反规定，造成投资者的财产损失，信托公司可利用赔偿准备金向受益人赔偿。

（2）单从数量上来看，集合资金信托计划的投资者至少要超过两个。在必要时，信托公司还应该向不特定多数投资者募集资金。参与集合资金信托的投资者较多，个体投入的资金较少，风险承担能力也差一些，因此需要给予特别保护。

（3）在集合资金信托计划中，信托公司要共同管理和运用投资者的资金，此时就涉及利益分配的问题。对于这个问题，信托公司要根据投资者投入资金的多少进行分配。

（4）手续要尽量简化。在这方面，信托公司可以考虑与银行合作，将集合资金信托计划与储蓄存款结合起来，灵活运用受益权解决中途赎回、转让设计等手续问题。

12.2.2 婚姻家庭信托计划

如今，每个家庭的生活水平基本都在稳步上升，财富积累较多，财富增长速度也很快。不过不得不说，随之而来的还有因为婚姻出现问题而造成的财富风险。

在我国，夫妻自确定婚姻关系起，所获得的收益都归为双方共同财产。即使是婚前财产，也有可能因为婚后财富的流动转化为双方共同财产或者使财产的所有权界限模糊。

如果婚姻出现问题，导致婚姻关系破裂，那么双方都有机会分走其中的一半，最终使财富进一步缩水。例如，某总裁在公司赴美上市之际，收到了妻子（现在已经是前妻）重新分配股权的要求。

当时，妻子给出的理由是在双方婚姻存续期间，该总裁占有公司 95% 的股权，其中 76% 的股权为夫妻共同财产。妻子对财产分配问题提起诉讼以后，法院立即冻结了公司 38% 的股权并禁止转让。此次诉讼也使公司的上市计划推迟了很久。

最后，该总裁花费 1 年时间和 700 万美元的代价才了结诉讼。当他再次融资时，已经错过公司上市的黄金时期。虽然后来公司还是成功上市了，但境遇十分惨淡，上市首日股票价格即下跌 12%，公司的市值也下降到 7.1 亿美元。上市没多久，公司被同行业另一家公司收购，该总裁也被迫辞职。

通过上述案例可以知道，婚姻关系破裂对一个人、一个家庭、一家公司有一定的危害。也正因如此，现在很多人都愿意未雨绸缪，希望找到守护自己财富的“神器”。在这种情况下，婚姻家庭信托应运而生，并展现出规避财富风险的巨大优势。

过去，很多人尤其是经济实力很强的人都会通过婚前财产协议对财产的归属进行安排。不过，婚前财产协议需要双方共同签字确认才生效，这很容易使夫妻之间产生心理隔阂。婚姻家庭信托则具有很强的保密性，而且无须告知或征得另一方的同意，这样就可以避免因为签订婚前财产协议对夫妻感情造成的不良影响。

婚姻家庭信托可以把个人的婚前财产进行单独隔离保护，如果将来婚姻出现问题，这些财产不会再成为夫妻共同财产。在这种情况下，双方也不太可能会发生财产分割的纠纷。

例如，龙湖地产的创始人吴亚军和她的前夫蔡奎就凭借婚姻家庭信托避免了不必要的纠纷。他们二人的离婚虽然涉及 764 亿港元市值的公司、577 亿港元的身家，但也没有出现财富方面的矛盾。

当时，吴亚军和蔡奎的“婚变”消息传出之后，龙湖地产的股票价格只经历了两天的小幅度下滑，就再次回升。这主要是因为自龙湖地产上市以来，吴亚军和蔡奎的股权一直由两个信托公司把持，即使他们离婚，也没有财产分配的问题，对龙湖地产的正常运营也不会造成太大的影响。

婚姻家庭信托是对个人财产的保护，受益人的设定可以视为财产收益的最终安排。如果夫妻离婚，那么受益人的财产不参加离婚后的财产分配。在此类信托的保护下，无论婚姻状况是否变化，都可以确保个人财产不被分割，以及财产在婚变中的顺利传承。

12.2.3　信托税务筹划

目前，我国没有很多针对信托的完善的税务政策。在设立信托、持有信托、解除或终止信托时，投资者需要缴纳相应的税费。为了将税费控制在一个合理的范围内，税务筹划就变得越来越重要。

按照我国目前的税务政策，在设立家庭信托时，需要缴纳增值税、个人所得税等；在存续家庭信托时，需要缴纳流转税、财产税等；在将家庭信托的收益分配给受益人时，根据实际情况可能还需要缴纳股息、红利所得税、财产转移税等。

对于投资者来说，税务筹划比较复杂，会受到信托架构、信托人士税务居民身份、信托资产增值情况等诸多因素的影响。很多时候，税务规划需要受托人、信托规划师、税务师共同合作才可以完成，这样有利于降低税务的合规风险。

下面通过一个案例来讲解信托的税务规划思路。王菲菲在上海有一套价值 1 亿元的房产。为了将这套房产传给后代并防止不必要的纠纷，她决定先通过某信托公司设立一个信托；然后再借由该信托购入房产；最后将受益人定为“直系血亲后代非配偶继承人”。

上述案例中的信托非常简单，其实就是王菲菲将自己名下的房产转让给信托公司，属于一种自卖自买的行为。该行为主要涉及以下几个税种：增值税、契税、个人所得税、印花税、土地增值税等。

从税务筹划的角度看，上述信托方案对税费的承担问题没有进行合理安排，几乎没有回避任何涉及房产转让的税费。实际上，在我国现行的税务政策下，还是有一些与房产转让相关的优惠政策。通过这些优惠政策，王菲菲可以缴纳更少的税费。

例如，《财政部 国家税务总局关于企业改制重组若干契税政策的通知》第七条规定，“企业改制重组过程中，同一投资主体内部所属企业之间土地、房屋权属的无偿划转，不征收契税”。

《财政部 国家税务总局关于自然人与其个人独资企业或一人有限责任公司之间土地房屋权属划转有关契税问题的通知》再次强调：“自然人与其个人独资企业、一人有限责任公司之间土地、房屋权属的无偿划转属于同一投资主体内部土地、房屋权属的无偿划转，不征收契税。”

《财政部 国家税务总局关于个人非货币性资产投资有关个人所得税政策的通知》第三条规定：“纳税人一次性缴税有困难的，可合理确定分期缴纳计划并报主管税务机关备案后，自发生上述应税行为之日起不超过 5 个公历年度内（含）分期缴纳个人所得税。”

根据上述规定，王菲菲可以享受个人转让房产的税收优惠。此外，如果王菲菲再将股权置入信托产品，那么还可以使其达到与房产信托同样的效果。

在实行家庭信托的过程中，节税通常不是最主要的目的。不过，无论是家庭信托的设立还是管理，都涉及大量的财产，也需要缴纳较多的税费。从这个角度来看，做好税务规划确实非常有必要。

鉴于我国目前的情况，要想做好家庭信托的税务筹划，使其具有最优效果，那就要充分利用相关的优惠政策。此外，在进行税务筹划时，要坚持以节税为原则，将我国现行的税务政策牢记于心。

12.2.4　家庭信托风险规避

在操作家庭信托的过程中，会面临各种各样的风险，包括交易结构难复制、信托公司没有足够的经验、财产来源不合法等。此外，家庭信托的设立很可能会损害委托人的债权人的利益，这也是需要重点关注的一个问题。

对于上述风险，我们必须想方设法规避。从目前已经取得的实践经验中，可以总结出以下 5 个要点。

（1）合理设计受益条款。在约定的期限内，受益人如果不能偿还债务，那么其受益权可以用于偿还债务。因此，在设立家庭信托时，必须关注受益权转让与继承、债务偿还等条款。

（2）厘清债务。虽然家庭信托的财产独立于投资者的财产之外，但如果投资者设立的信托占据其财产的一大部分，而且还包括很多外部债务，那么债权人则可以要求撤销信托。

在这种情况下，除了投资者无法通过信托获得收益以外，信托公司也要承担相应的赔偿责任。

（3）处理不确定因素。在操作家族信托的过程中，可能会出现很多不确定因素，这些不确定因素需要得到有效处理。例如，在订立信托合同之前，对不确定因素进行充分考虑，包括非交易过户问题、限制性条款判定、非恶意隐瞒信息、受益人失联等。

（4）预估信托产品的盈利前景。目前，市场上有很多信托产品，这些信托产品通常都有明确的资金投向。投资者可以通过资金投入的项目情况，如行业、现金流稳定程度、未来一定时期的市场状况等对信托产品的盈利前景进行预估，进而降低赔钱的风险。

（5）选择风险较小的信托产品。不同的信托产品面临着不同的风险。例如，房地产、股票类信托产品的风险高，但收益也较高，比较适合风险承受能力强或经济实力较强的投资者；能源、电力、基础设施类信托产品安全性好，风险低，但收益也相对低一些，比较适合于追求稳健投资的投资者。

设立家庭信托有很深的学问，投资者要想在这个领域获得丰厚的利润，就应该付出相应的代价，努力学习相关知识，不断丰富自己的实践经验，这样才可以早日成为真正的“高手”。

第 13 章
全权托管：聘请专业的人做专业的事

现在，有一种投资方式非常流行，那就是全权托管，即聘请专业的人做专业的事。这种投资方式虽然操作简单，也可以创造收益，但投资者还是要关注一些重点问题，例如，如何找到优质的理财管家；如何降低风险，减少后顾之忧；如何建立自动化的赚钱模式等。

13.1 如何找到优质的理财管家

专业的职业经理人可以让投资者的资金得到更合理的规划，也可以让投资者的财富不断保值、增值。对于投资者来说，职业经理人就相当于“保姆”。但只有找到合格、优秀的“保姆”，投资者才可以安心做一个“甩手掌柜”。

13.1.1 审核职业经理人的能力

有些投资者对自己的能力没有信心，为了不让自己的钱打水漂，会寻求职业经理人的帮助。但在此之前，投资者应该审核职业经理人的能力，防止因为聘请不合格的职业经理人而让自己遭受损失。一般来说，一个合格的职业经理人应具备以下几种能力。

1. 财富管理能力

通过沟通和交流，职业经理人可以根据投资者的需求，科学地对投资者的资金进行规划，然后帮助投资者制订适合其家庭状况的理财方案，使其尽快实现致富目标。

2. 配置理财方案的专业能力

有的职业经理人看起来非常专业，拥有各种高端的资格证书，也可以深入分析产品结构及市场前景，但缺乏对理财方案的敏感度。很多时候，投资者也许并不知道自己适合什么样的产品，而是只关注产品的风险和收益。

在遇到这样的投资者时，一些职业经理人会趁机推广自己手里的产品。此举是为了销售而销售，没有重视投资者的内在需求。如果职业经理人在还没有了解投资者需求的情况下就为投资者推荐产品，那么这个职业经理人就不够专业。

一个专业的职业经理人在配置理财方案时，会先了解投资者的家庭基本情况、个人财务现状，以及对未来收益的预期等。优秀的职业经理人会挖掘投资者的潜在需求，为其量身定制理财方案。

3. 服务态度

有些职业经理人存在因为投资者不支付咨询费用而降低服务质量的现象。甚至还有些职业人经理人直接拒绝为投资者提供服务。此外，还有些缺乏职业素养的职业经理人，利用投资者不懂行业知识的缺点，只为投资者推荐佣金高的产品，最终使投资者糊里糊涂地遭受损失。

4. 售后服务的跟进和反馈情况

优秀的职业经理人不只为投资者制订理财方案，还会及时跟进并给投资者反馈信息。尤其当产品出现亏损时，职业经理人的反应是衡量其是否优秀的标准。如果产品出现亏损，有必要进行调整，那么优秀的职业经理人会第一时间联系投资者，并给予合理建议。

5. 沟通能力

优秀的职业经理人会像朋友一样，和投资者谈人生、讲未来，而且还会运用一些技巧让投资者理解晦涩难懂的数据和理财方案。优秀的职业经理人也会给投资者传递正确的理财观念和理财知识，让投资者始终走在正确的致富道路上。

优秀的职业经理人可以为投资者带来巨大的经济利益，甚至可以改变投资者的命运。反之，不称职的职业经理人会对投资者造成诸多不良影响。由此来看，投资者有必要参照以上几种能力对职业经理人进行审核，进而找到对自己有价值的职业经理人。

13.1.2 约束职业经理人的法律条款

职业经理人是非常难得的“金领”人才，可以全面负责投资者的财产规划，甚至公司的经营管理。对于投资者来说，职业经理人有着非常重要的作用，包括提高理财效率、进行目标管理等。

职业经理人作为作用如此重要的个体，如果其行为不被约束，那么很可能会让投资者遭受损失。对职业经理人的约束主要是指法律、社会道德等各种社会机制的约束。

《中华人民共和国公司法》（以下简称《公司法》）除了对公司的地位及行为做出了明确的法律规范以外，第一百四十八条到第一百五十三条还从宏观的角度规定了职业经理人的责任和义务。

例如，《公司法》第一百四十八条规定："董事、监事、高级管理人员应当遵守法律、行政法规和公司章程，对公司负有忠实义务和勤勉义务。董事、监事、高级管理人员不得利用职权收受贿赂或者其他非法收入，不得侵占公司的财产。"

此外，考虑到职业经理人在经济活动中的重要性，我国对其行为做出了明确的法律规范。这样可以将职业经理人的行为约束在法律范围内，也有利于保护职业经理人的合法权益。

为了充分保护民营经济和投资者的个人财产，我国从刑法和民法的角度加强对职业经理人的监管力度。这样可以进一步减少或避免职业经理人侵害或私自占有投资者财产的行为。

鉴于有完善的法律保护，投资者在遇到有不良行为的职业经理人时，可以采取措施。例如，投资者可以给职业经理人发律师函。绝大多数职业经理人在收到律师函以后，会主动想办法弥补投资者的损失。因为他们也害怕打官司，这将成为他们职业生涯中的"污点"，对他们未来的发展非常不利。

投资者还可以起诉不合法的职业经理人。在接到投资者的起诉以后，法院会根据实际情况冻结职业经理人的资产。在现实生活中，很多职业经理人在接到法院传票以后都会主动与投资者联系，寻求私下和解。对于这种情况，投资者可以根据自己的想法进行选择，看是否要撤回对职业经理人的诉讼。

13.2 降低风险，无后顾之忧

在全权托管的投资方式中，投资者通常不会亲自进行现场管理，因此很可能出现一些风险，例如，职业经理人监守自盗、项目不合格导致赔钱等。对于这些风险，投资者要做好预防和规避。

13.2.1 寻找风险可控的项目

如果以理性的思维考虑，世界上也许没有一个项目可以做到百分之百风险可控。不过，在投资一个项目之前，投资者可以对这个项目进行评估，将自己可能遭受的风险降到最低。

项目评估分为定性评估和定量评估两种方式，具体采用何种方式，取决于风险发生的概率、风险的来源、风险对项目的影响程度、投资者对风险的态度等因素。

在项目评估中，投资者应注意以下 6 个方面。

（1）投资少。一个好的项目不仅前期投入要少，后期经营成本也应该较低，例如，房租、水电、人工等支出肯定是越少越好。

（2）持续发展。项目能不能持续发展，主要考虑两个问题：①项目所属行业会不会消失？②项目会不会被替代？如果这两个问题的答案都是否定的，那么项目就值得投资。

（3）容易赚钱。什么样的项目容易赚钱呢？对于这个问题，有些投资者认为利润高的项目容易赚钱，这当然没错。不过，即使项目的利润再高，也要有广泛的目标群体才可以。因此，投资者要看项目的目标群体是否广泛，毕竟项目要“卖”得出去才有价值。

（4）税后利润高。一般来说，如果项目的税后利润没有达到 20% 以上，那么很难为投资者创造丰厚的收益。尤其在投资一些传统行业的项目时，一定要了解其税后利润，否则不要轻易做决定。

（5）现金流充足。无论什么样的项目，现金流充足都是非常重要的。如果项目长期处于现金流紧张甚至为负的状态，那么这个项目的风险就会较大。像徐小平、李嘉诚等知名投资者在投资之前，都会对项目的现金流进行调查。

（6）毛利率较高。毛利率较高意味着有充足的资金对项目进行扩张，使投资者获得更高的回报。举例来说，餐饮项目的毛利率通常是成本的 1 倍，如果低于 1 倍，那么投资者就要谨慎投资。

除了上述几个方面以外，还有最重要的一个方面，那就是根据自己的长处和兴趣选择项目。比尔·盖茨曾经说过：“在你最感兴趣的事物上，隐藏着你人生的秘密。”如果投资者对一个项目非常热爱，即使这个项目可能有较高的风险，那么也值得投资。当然，如果可以将项目的风险维持在可控的范围内，那就更好了。

13.2.2　建立财务监控系统

财务监控是指投资者在财务活动中，及时获取财务信息，对资金流向进行适当的跟踪、监督、控制，以消除无效益的资金占用，提高资金的使用效率，确保理财目标的实现。

对于投资者来说，做好财务监控的最好方法就是建立财务监控系统。下面来看一个案例。王立群是一个投资者，于 2020 年 4 月加盟了一个美容保健项目。由于他自己没有精力打理这个项目，便聘请了一名职业经理人李茂春全权负责。

过了一段时间，李茂春没能抵得住流动资金的诱惑，在收到钱以后不及时入账，非法占有了王立群 8 万元。后来，王立群发现了李茂春的行为，便及时建立了财务监控系统，追回了损失的 8 万元。

在建立财务监控系统时，投资者需要注意以下几个要点。

（1）如今，信息正在朝着网络化的方向发展，竞争也越来越激烈，投资者只有建立财务监控系统才能对瞬息万变的市场做出快速反应，并及时纠错，避免风险的发生。

（2）在网络化的条件下，投资者必须及时获取自己需要的信息，才可以达到既节约成本又提高监控效率的目的。

（3）财务监控系统要想充分发挥作用，最好不要独立运作，而是与其他监控系统融为一体，共同运作。

为此，投资者需要抓好两项关键的工作：第一，建立集成化的价值流数据库，即把业务信息流、资金信息流、运输信息流相结合，形成一个价值流数据库；第二，建立责任制单元，与事前、事中财务监控数据流及财务管理连接到一起。

总之，财务监控是对财务活动进行的监控，主要目的是保证资金安全，避免投资者遭受损失。对于投资者来说，做好财务监控有利于规范职业经理人的行为，防止职业经理人非法占有资金。

13.3　建立自动化的赚钱模式

目前，在进行投资理财时，很多投资者可能不会亲力亲为，而是只需做好管理工作。例如，假设你想开一个便利店，那你就做好选址、招聘、装修等工作，然后就可以等着拿收益。

13.3.1　从 0 到 1 打造社区便利店

现在有很多新开的楼盘，与其匹配的便利店自然必不可少，这也逐渐成为投资者眼中的商机。那么，应如何开便利店呢？可以采取以下三种方式。

方式一：直接加盟。这种方式比较适合人际关系资源缺乏，经营能力较差的投资者。只要选择加盟，加盟商会为投资者安排好一切事宜，投资者可以很轻松地开好一家便利店。

方式二：接手他人转让的便利店。这种方式节约成本，转让的人也会告诉投资者应该如何将便利店运营好。不过，这种方式也有缺点，那就是便利店的位置可能不太好。

方式三：自己亲力亲为。这种方式会比较耗费精力、时间、资金，但投资者可以获取开便利店的经验。

除了掌握开便利店的方式以外，投资者也要学习经营便利店的技巧。要想把便利店经营好，投资者应注意以下 4 个要点。

（1）找合适的位置。位置的好坏会关系便利店的销售额和盈利情况。如果选择一个可以给周围居民提供便利的位置，满足他们的需求，那么便利店的经营情况将比较好。

（2）找好的货源。只有好的货源，才可以与其他的便利店抗衡，也能比其他的便利店卖得便宜。只有货源足够好，效益才可以更高。还有需要重点关注的一个问题是，千万不能卖假冒伪劣产品，否则会对便利店的形象和信誉造成不好的影响。

（3）陈列设计。便利店的装修要干净简洁，让顾客看着舒服。产品的摆放要整齐，不能混乱。

（4）其他事项。营业执照及相关证件非常重要，一定要提前办理好。此外，收银机、购物袋、货架、空调、冰箱、监控、招牌等设备也非常重要，一个都不可以缺少。

在上海，孙明亮用 15 万元开了一家便利店。起初，他比较了 20 多个店面，最终选择了位于十字路口的一个店面。他觉得，十字路口的客流量大，人们购物的概率高，便利店更容易生存。

然后，孙明亮又招聘了 1 个店长，5 个店员。为了加强团队的凝聚力，他还制定了绩效考核规则和激励制度。

同时，在采购方面，孙明亮要求，如果供货商的价格高于同类供货商的价格，那么就要在保证产品质量的情况下，更换新的供货商。

在产品分配与布局上，孙明亮参考了多家优秀便利店的经验，对自己的便利店进行了小幅度改进。

通过上述一系列操作，孙明亮用 14 个月的时间收回了所有的投资。之后，这家便利店每月的纯利润达到 6 万元。为了赚取更多的收益，孙明亮又用相同的方式开设了两家新的便利店。

13.3.2　从 0 到 1 打造写字楼快餐店

快餐店的主力消费群体是常年工作在写字楼里的上班族。上班族的消费能力通常较高，是快餐店的忠实顾客。但是上班族经常吃快餐，对快餐店的很多“新玩法”已经免疫了。因此，要想获得上班族的支持和认可并不简单。

这是不是意味着，在写字楼里开快餐店就没有前景了？当然不是，只要掌握以下几个技巧，投资者依然可以通过快餐店获得丰厚的收益，如图 13-1 所示。

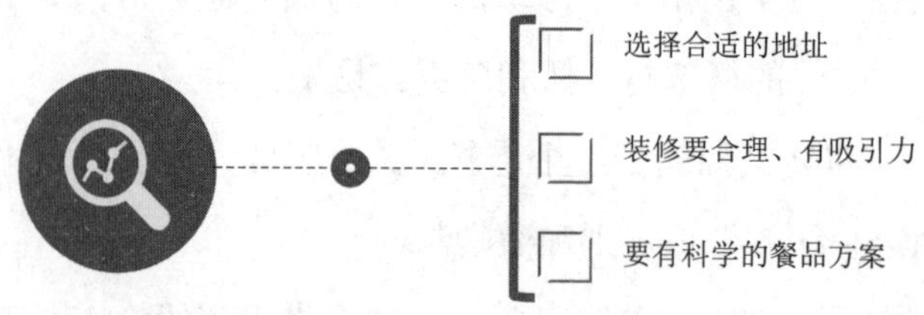

图13-1　开快餐店的技巧

1. 选择合适的地址

投资者对于快餐店的地址选择非常重要。比较适合开快餐店的位置是靠近大门的一楼，因为上班族无论是上班还是下班都需要经过一楼。当然，投资者也可以将快餐店开在中间楼层，这样有利于处在不同楼层的上班族光顾。

快餐店的面积不需要太大，因为很多上班族都会选择将饭菜打包带走。但即使如此，也还是要摆放一些座椅，以备不时之需。

2. 装修要合理、有吸引力

第一，将快餐店的整体色调设置得明亮一些。明亮的色调非常受欢迎，而且可以通过刺激情绪让顾客更有食欲。在灯光选择上，投资者要尽量选择暖色灯光，这样的灯光可以增强顾客的食欲。

第二，对快餐店的空间和设备进行规划。以上班族为目标群体的快餐店，一定要关注餐位和动线等问题。也就是说，要在有限的空间里坐更多的顾客，同时还要考虑来往的顾客会不会拥挤。

第三，选择更为舒适的座椅，来提升顾客的就餐体验。这样的做法不仅不会增加成本，还会为快餐店带来更好的口碑，以及更多的好评。这些口碑和好评会转化为销售额回报给投资者。

3. 要有科学的餐品方案

第一，为餐品设置大小份。既然是面向上班族的快餐店，饭的量就必须把握好。如果饭的量太大，女性顾客可能吃不完；如果饭的量太小，男性顾客可能会觉得不够吃。因此，为餐品设置大小份是一个很不错的选择，只需按照数量做出区分即可。

第二，推出汤品，提倡养生。现在的上班族非常注重养生，尤其是南方地区，很多快餐店都已经把鸡汤、排骨汤这些汤品列为重点餐品。这不仅迎合了上班族对生活品质的追求，也确实有利于上班族的身体健康。作为一个新的发展契机，推出汤品非常有必要。

第三，增加甜品。甜品的市场比较广阔，受到年轻的上班族的喜爱。而且相对于其他时间而言，处于午休时间的上班族压力会比较大，心情容易不好，而甜食则是解决这些问题的绝佳餐品。

甜品的制作成本不是很高，创造的利润会比较丰厚。如果快餐店不想推出布丁、蛋糕等制作起来比较复杂的甜品，那么就推出酸奶、奶茶、蔬菜 / 水果沙拉，这也是非常不错的选择。

掌握了上述技巧后，接着来看一个真实的案例。李欣欣非常喜欢研究美食，于是突发奇想，要开一个快餐店。她先在网上搜索了大量关于快餐店的管理方法，决定拿出 20 万元实施自己的计划。

后来，李欣欣以相对低的价格租下了一个店铺。为了降低风险，她为自己设定了低成本运营的目标，又招聘了 3 个店员。为了降低工作强度，她安排店员采购供应商的冷冻包子，店员只需对其进行加热即可。在午餐方面，她使用了同样的方法，由供应商提供数十种套餐，再由店员负责简单加热和销售。

在互联网思维的影响下，李欣欣的快餐店没有厨师这个岗位，节省了一笔人力成本。另外，由于快餐店采取以销售为主导的模式，因此不仅为李欣欣节约了成本，还实现了流程化管理。通过这样新潮的做法，李欣欣收获了丰厚的回报，做了一次成功的投资。